W0202720

Keyword-Analyse

Wie Sie eine umsatzstarke Keyword-Analyse mit Keyword-Planner, Keyword-Tools und Excel-Vorlage erstellen, um Ihre Umsätze in kurzer Zeit zu steigern.

4. Auflage / 16.03.2020 / Pascal Schildknecht

Pascal Schildknecht

Einleitung

Seit über 19 Jahren bin ich im Onlinemarketing tätig. Angefangen habe ich als Affiliate Marketer mit der Vermittlung von Jamba-Spielen und weiteren digitalen Produkten. Heute bin ich als Coach und Dozent in ganz Europa unterwegs. Dabei schätze ich vor allem, dass auch ich als erfahrener Marketing-Profi bei den Veranstaltungen und Seminaren stets noch etwas von meinen Kunden und Schülern lerne. Auf der Basis dieser Erfahrungen ist nun dieses hilfreiche E-Book entstanden.

Bei der Beratung von Kunden, Schülern und selbst Agenturen stelle ich immer wieder fest, dass zwar viel Aufwand für SEO und Werbekampagnen betrieben wird, allerdings der einfachste und wichtigste Arbeitsschritt, eine Keyword-Analyse, nicht intensiv genug oder sogar überhaupt nicht durchgeführt wird. So ist es kein Wunder, dass der erhoffte Erfolg bzw. Ertrag ausbleibt.

Dabei ist der Aufwand für Suchmaschinen-Optimierung, Google-Ads-Kampagnen, Backlinks, Traffic-Generierung, Kampagnentexte oder YouTube-Videos stets derselbe. Der Frage, welche Keywords dabei verwendet werden sollen, wird aber häufig viel zu wenig Beachtung geschenkt.

Je ausführlicher eine Keyword-Analyse durchgeführt wird, desto qualitativer wird der Traffic auf einer Website und umso stärker steigt der Unternehmensumsatz. Anders ausgedrückt: Eine schlechte oder fehlende Keyword-Analyse zieht tägliche Verluste an Umsatzpotenzial nach sich. Wenn dann meine Kunden viel Geld für Kampagnen einsetzen, wie z. B. für Google-Adwords-Werbung, und der gewünschte Effekt durch die schlechte Vorabanalyse deutlich geschmälert wird oder gar ganz ausbleibt, schmerzt mich dies zutiefst. Einige Agenturen lassen ihre Mitarbeiter monatelang ihre Kampagnen optimieren, um einen möglichst tiefen CPC (Klickpreis) oder Conversion-Preis zu erzielen. Mit einer ausführlichen Keyword-Analyse lassen sich hingegen die Resultate bereits innerhalb von 15 Tagen um mehr als 100 % verbessern.

Mit diesem Buch möchte ich daher aufzeigen, wie eine qualitative, aussagekräftige und detaillierte Keyword-Analyse durchgeführt wird. Ich behaupte nicht, dass dies in jedem Fall die beste Vorgehensweise ist. Aber ich habe in den letzten Jahren damit stets positiv auf die Umsätze meiner Kunden einwirken können.

Ziel dieses Buches

Sie erhalten mit diesem Buch einen Leitfaden in einfacher und verständlicher Sprache, mit dessen Hilfe Sie eine qualitative Keyword-Analyse durchführen und den Erfolg jeglicher Marketingaktivitäten steigern können.

Außerdem soll mit diesem Buch die Bedeutung einer Keyword-Analyse hervorgehoben werden, sodass deren Wichtigkeit für jedes Unternehmen deutlich wird.

Die meisten Keyword-Analysen werden als Vorbereitung von Google-Ads-Kampagnen durchgeführt. Daher werden auch diese thematisiert und ich gebe Ihnen einige Tipps für die Umsetzung und Optimierung von Google-Ads-Kampagnen. Ergänzend dazu biete ich Ihnen eine Vorlage für die Keyword-Analyse und kostenloses Schulungsmaterial zur Unterstützung an.

Zusätzliches Material und Support

Neu! Alle Informationen über einen Link

Auf Wunsch vieler Leser sind nun alle vorgestellten Tools in einer zusätzlichen Übersicht aufgelistet. Auch eine Excel-Datei als Vorlage für Keyword-Analysen haben wir erstellt. Diese leitet Sie durch alle dabei notwendigen Schritte. Zudem bieten wir allen Buch-Leser ein zusätzlich kostenloses Video Training zu Excel Vorlage und Umsetzung einer Keyword Analyse. Sie können die Vorlage und auch weitere Informationen als Buch-Leser, kostenlos unter folgendem Link auf unserer Website herunterladen: https://salesangels.org/book

Was ist eine Keyword-Analyse?

Bei einer Keyword-Analyse geht es darum, die Anzahl der Suchanfragen zu bestimmten Schlag- und Schlüsselwörtern (engl.: Keywords) bzw. Suchbegriffen zu analysieren. So finden Sie schnell heraus, mit welchen Begriffen User in Suchmaschinen nach Ihren Produkten oder Dienstleistungen suchen. Mit diesem Wissen können Sie Website-Inhalte und Werbekampagnen auf die meistverwendeten Keywords ausrichten. Wer nur eine schlechte oder sogar gar keine Keyword-Analyse durchführt, riskiert Tag für Tag den Verlust von Traffic, Leads und in der Folge Umsatz.

Beispiel

Einer meiner Kunden verkauft Hörgeräte. Da diese in der Fachsprache stets als Hörsysteme bezeichnet werden, optimierte der Kunde sowohl seine Website als auch Kampagnentexte und Backlinks auf „Hörsysteme“ hin. Infolgedessen gelangten nur wenige Interessenten über Google auf diese Website und auch die Kampagnen des Unternehmens liefen miserabel. Dies lag nicht am Angebot des Unternehmens oder an der Website selbst, sondern einzig und allein an der Ausrichtung der Zielgruppe, die schlicht nicht nach „Hörsystemen“, sondern nach „Hörgeräten“ suchte. Bei meiner Keyword-Analyse fiel dies sofort auf:

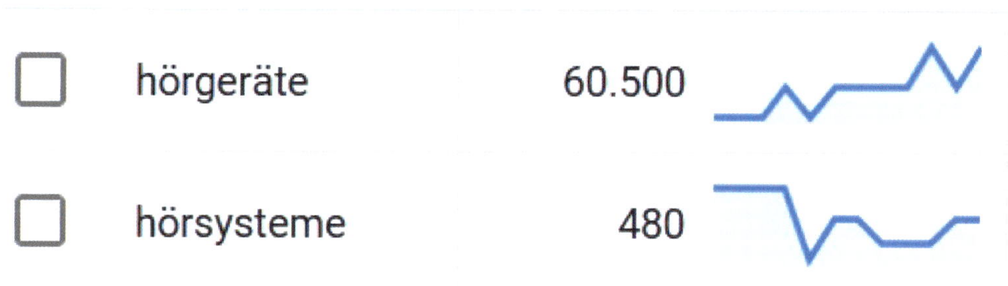

Die Grafik zeigt die Analyse im Google-Keyword-Planner. Das Keyword „Hörsysteme“ weist dabei nur 480 Suchanfragen auf. „Hörgeräte“ hingegen werden über 60.000-mal pro Monat gesucht. Durch die falsche Priorisierung wurde also jeden Monat ein enormes Umsatzpotenzial verschenkt.

Ähnlich große Unterschiede gibt es bei Suchanfragen im Singular und Plural. Je nach Begriff wird entweder eher die Singular- oder hauptsächlich die Pluralform von den Usern als Suchbegriff eingegeben. Eine entsprechende Optimierung der Website kann daher mit wenig Aufwand zu deutlich positiveren Ergebnissen führen.

Keyword-Analyse, der Schlüssel zum Erfolg

Obiges Beispiel zeigt, wie wichtig eine qualitative Keyword-Analyse ist. Meiner Erfahrung nach haben jedoch etwa 91 % aller Firmeninhaber nie eine detaillierte Keyword-Analyse durchführen lassen und nehmen damit täglich Umsatzverluste in Kauf.

Eine qualitative Keyword-Analyse sollte noch vor der Website-Erstellung durchgeführt werden, denn nur so kann der komplette Sales-Pfad auf die gewünschte Zielgruppe ausgerichtet werden. Allein dadurch wird die durchschnittliche Besuchszeit jedes Users auf der Website erhöht, was sich wiederum positiv auf Leads und Umsätze auswirkt und die Absprungrate senkt.

Doch nicht nur bei der Optimierung einer Website, sondern auch bei vielen weiteren Marketingtätigkeiten ist eine solche Analyse hilfreich. Beispielsweise für:

- Suchmaschinenmarketing
- Keyword-Ausrichtung bei Google Ads
- Google-Ads-Headlines und Kampagnentexte
- Headlines auf der Website
- Backlinks
- Social-Media-Präsenz
- Content-Marketing
- Bildoptimierung
- YouTube-Videos
- Podcasts

Funktion & Relevanz einer Keyword-Analyse

Die Wichtigkeit und Relevanz einer Keyword-Analyse lassen sich am besten anhand von Google, der aktuell meistgenutzten Suchmaschine mit den relevantesten Ergebnissen, aufzeigen. Pro Jahr werden bei Google mehr als 2,5 Billionen Suchanfragen gestellt. Jede Suchanfrage wird von Google gespeichert. So kann, beispielsweise durch ein Keyword-Tool, wie den Google-Keyword-Planner, genau analysiert werden, wie viele User pro Monat im Durchschnitt nach einem bestimmten Begriff suchen.

Google wird meist nur als Suchmaschine gesehen. Es ist jedoch viel mehr als das. Das erklärte Ziel des Internetkonzerns ist es, schon in wenigen Jahren bereits 20 Minuten im Voraus erkennen zu können, was User als nächstes denken, brauchen, nutzen. Dafür werden bei einer Suchanfrage neben dem Suchbegriff, anhand dessen Google auf die Vorlieben, Hobbys oder Neigungen der User schließen kann, weitere Daten erfasst, wie z. B.:

- der Länder-Code, der den Aufenthaltsort des Suchenden bestimmt
- die IP-Adresse des bei der Suchanfrage genutzten Computers oder Handys, die analog zu einem Fahrzeugkennzeichen das Gerät identifiziert
- die Sprache, in der die Suchanfrage getätigt wurde
- nach/aufgrund der Google-Suche besuchte Websites, woran sich die Interessen des Suchenden erkennen lassen
- die Betriebssystemversion, die Bildschirmgröße und der Browser des bei der Suchanfrage genutzten Computers oder Handys

Wenn Sie herausfinden wollen, welche Aktivitäten Google von Ihnen in letzter Zeit, egal ob es um Jahre oder nur 24 Stunden geht, gespeichert hat, können Sie diese unter https://www.google.com/maps/timeline ansehen. Falls Sie ein Google-Konto besitzen (Android, Gmail, YouTube etc.), können Sie unter https://myactivity.google.com/ zudem einsehen, welche Daten Google von Ihnen gesammelt hat.

Google hat von mir durchschnittlich 321 Aktivitäten pro Tag registriert und kennt mich somit besser als Facebook und sogar Freunde oder Familienmitglieder. Würde ich zusätzlich Google Home, die Sprachsteuerung von Google, ein Android-System im Auto oder andere Produkte des Konzerns nutzen, könnte Google im Minutentakt Informationen von mir sammeln.

Die Suchmaschine speichert folglich viele Daten und Fakten neben der eigentlichen Suchanfrage. Dabei versteht Google sogar Zusammenhänge, wie den zwischen verwandten Wörtern wie „Fahrrad“ und „Velo“ und Wörtern in der Einzahl und Mehrzahl.

Google ist mittlerweile ein alltäglicher Helfer für fast jeden von uns. Wenn wir etwas wissen oder kaufen wollen, fragen wir Google. Die Suchmaschine erledigt ihre Aufgabe dabei so gut, dass sie uns in aller Regel ausschließlich relevante Ergebnisse auflistet. Genau das macht sie für Werbetreibende äußerst interessant.

Wenn Sie bei Facebook einen Sponsored Post, auf einer Website ein Banner oder in einer Zeitung ein Inserat schalten, wissen Sie nie, ob überhaupt jemand und wenn ja, wie viele Personen gerade in diesem Moment an Ihrem Angebot interessiert sind. Nach einer Google-Suche jedoch wird Usern Ihre Website oder Werbung nur dann als Suchergebnis angezeigt, wenn sie in genau diesem Moment mittels des eingegebenen Suchbegriffs (Keywords) nach Ihren Angeboten gesucht haben.

User, welche über eine Keyword-spezifische Suche auf Ihrer Website gelandet sind, weisen die höchsten Conversions auf und schließen in vielen Fällen tatsächlich einen Kauf ab. Deshalb ist eine ausführliche Keyword-Analyse immens wichtig. Dabei werden alle möglichen Variationen eines Suchbegriffs einbezogen und mithilfe diverser Tools getestet.

Wenn Sie umsatzstarken Traffic auf Ihre Website lenken möchten, sollten Sie Ihre Aktivitäten demnach auf Keyword-spezifischen Traffic konzentrieren. Diesen erzielen Sie beispielsweise mittels Google-Kampagnen, bei Google gelisteten Blogbeiträgen, YouTube-Videos, Bilder, einen Google-Maps-Eintrag, News-Beiträge sowie mit vielen weiteren Content-Kategorien.

Damit Sie stets wissen, zu welchen Keywords Sie Content oder Werbung platzieren sollten, ist eine Keyword-Analyse unumgänglich und daher eins der wichtigsten Marketinginstrumente.

Die wichtigsten Tools für die Keyword-Analyse

Bevor Sie mit der Analyse beginnen, sollten Sie sich zunächst einen Überblick über die einzelnen Tools verschaffen. In der folgenden Tabelle habe ich die häufigsten Tools sortiert nach Anwendungsbereichen zusammengestellt.

Keyword-Recherche	Tool
Google & SEO	Google-Keyword-Planner
Google & SEO	Keyword-Analyse-Tool von Neil Patel
Google & SEO	SECockpit
Google & SEO	Google-Suchmaschine
Ideen für Google-Keywords	AnswerThePublic
Konkurrenz-Keywords	SimilarWeb
Konkurrenz-Keywords	SEMrush
Bing & SEO	Bing-Keyword-Tool
YouTube	YTCockpit
YouTube	Keywordtool.io
Amazon	SECockpit
Amazon	Helium 10
Keyword-Trends bei Google	Google Trends
Website-Analyse	Google Analytics
Instagram-Hashtags	Keywordtool.io

Jedes dieser Tools hat seine Daseinsberechtigung. Welches im Einzelfall eingesetzt wird, hängt von der zu analysierenden Plattform und dem Analysezweck ab. Liegt Ihr Fokus beispielsweise auf Suchmaschinenoptimierung und Keywordanalyse, um schnell ein positives Ranking zu erzielen, ist SECockpit empfehlenswert. Dieses Tool zeigt nicht nur das Suchvolumen an, sondern analysiert zudem jede einzelne Website zu diesem Keyword und gibt wichtige Informationen dazu. SECockpit erfasst innerhalb von Sekunden das Top-Keyword zu einem Suchbegriff, wodurch schnell ein positives Ranking erzielt werden kann. Zudem können mit diesem Tool Keywords bei YouTube, Amazon und anderen Plattformen analysiert werden.

Eine Keyword-Analyse verfolgt je nachdem, auf welcher Plattform sie durchgeführt wird, unterschiedliche Ziele. Diese sind in folgender Tabelle dargestellt.

Analyseplattform	Analyseziel
Google und Bing	Suchmaschinenoptimierung Ideen für SEO-Blogbeiträge Google-Ads-Headlines und -Keywords Produktnachfrage und -potenzial Konkurrenzanalyse
YouTube	Videoranking bei YouTubeIdeen für neue VideosVideo-Ads-Headlines und -Keywords
Amazon	Absatz und Verkaufspotenzial Neue Produktnamen Amazon-SEO und -Ranking Konkurrenzanalyse Amazon-Ads-Headlines und -Keywords
Instagram (Hashtags)	Trends auf Instagram erkennen Optimierung von Beiträgen Größere Reichweite von Beiträgen Instagram-Ads-Keywords
Website (Google Analytics)	Besucheranalyse aller Channels Kampagnen-Keyword-Analyse Organic-Keyword-Traffic Zielgruppe und Userverhalten erkennen
Google Trends	Analyse von Trends Vorhersagen zu und Vergleich von Keywords

Im Folgenden werden die verschiedenen Tools nun einzeln vorgestellt, bevor ich erkläre, wie eine detaillierte Keyword-Analyse durchgeführt wird.

Der Google-Keyword-Planner

Dieser wurde von Google selbst konzipiert und bietet, da Google die umfangreichste Auswertung des Suchvolumens erstellt, die bestmögliche Keyword-Analyse. Mit dem Google-Keyword-Planner kann, aufgeschlüsselt nach Sprache und Region, analysiert werden, welches durchschnittliche Suchvolumen ein Keyword pro Monat erreicht.

2019 wurde der Keyword-Planner umfassend aktualisiert. Dies bringt jedoch einen Nachteil mit sich: In der vorherigen Version konnte für bis zu 250 Keywords eine Analyse durchgeführt werden. Diese wurden in ein Textfeld eingetragen, anschließend wurden Sprache und Region festgelegt. Google lieferte dann eine Auswertung dieser Keywords sowie eine Liste mit 700 weiteren, zu den eingegebenen Keywords passenden Begriffen. Je mehr Keywords eingetragen worden waren, umso relevanter waren diese 700 Begriffe.

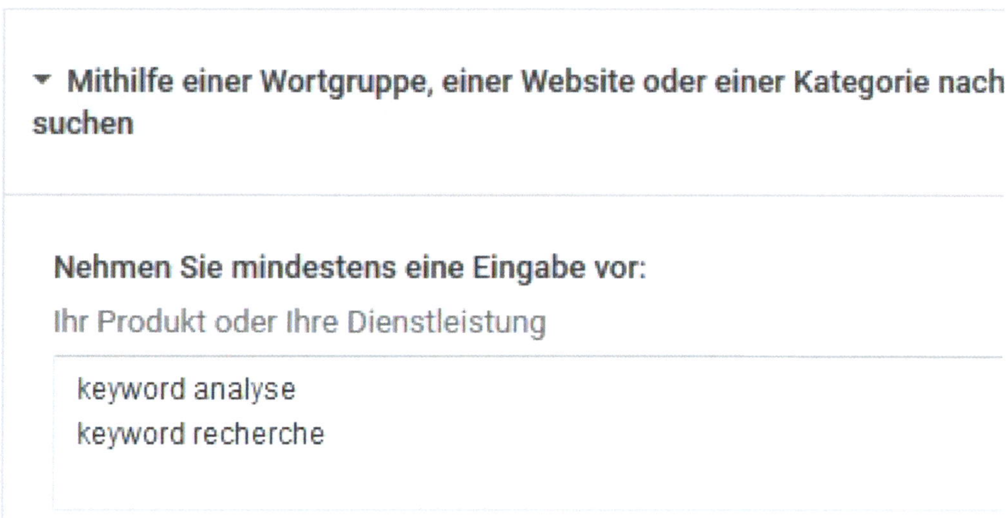

In der neuen Version des Google-Keyword-Planners, dessen Suchmaske in obiger Grafik zu sehen ist, können nun nur noch 10 Keywords eingetragen werden. Dadurch werden nicht mehr so viele relevante ähnliche Begriffe gefunden. Denn bei 10 Keywords möglichst 700 weitere dazu passende Begriffe zu finden, ist deutlich schwerer als bei 250.

Im aktuellen Keyword-Planner trägt man also 10 Begriffe ein (1) und kann zusätzlich wählen, ob Markennamen in die Analyse mit einbezogen werden sollen (2). Anschließend wählt man die Sprache (3) sowie die

Region (alle Länder, ein bestimmtes Land oder ein Bundesland) (4) aus. Die folgende Abbildung veranschaulicht dies.

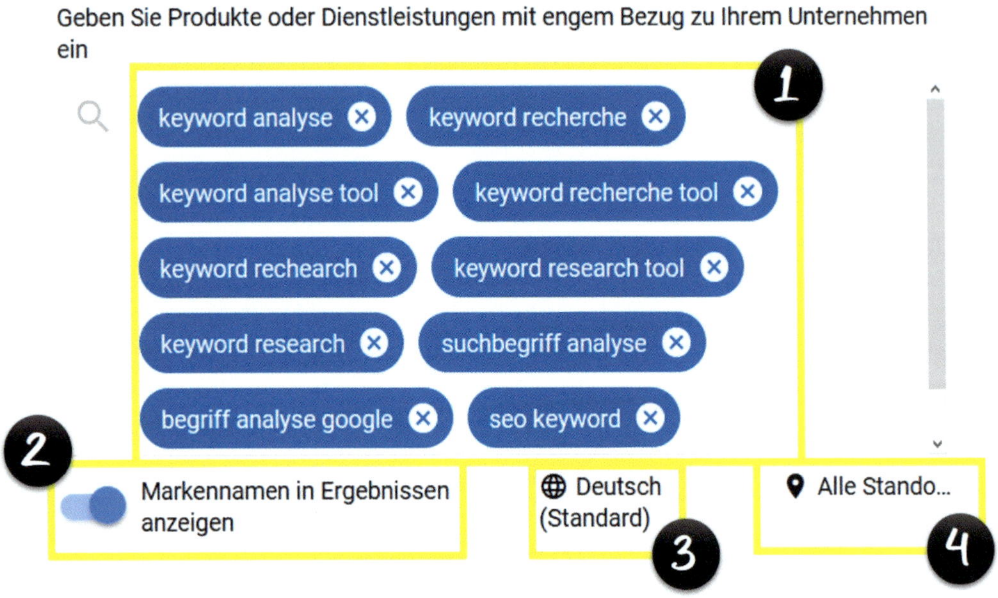

Die Frage ist daher, wie man mit nur 10 analysierbaren Begriffen eine möglichst relevante Auswertung erhält.

Ich empfehle, dafür mehrere Analysen durchzuführen, bei denen bedeutungsgleiche Begriffe, die verschiedene Schreibweisen bzw. Formulierungen haben können, eingegeben werden. Beispiele dafür sind: „Keyword-Analyse“ und „Keyword-Recherche“; „Hörgerät“ und „Hörsystem“; „Fahrrad“ und „Velo“. Sie führen also zunächst eine Analyse mit 10 Begriffen zu einem Keyword (beispielsweise „Fahrrad“) durch. Diese wiederholen Sie dann mit dem nächsten Keyword (beispielsweise „Velo“). So können Sie die 10 möglichen Begriffe pro Keyword besser ausnutzen. Diese Vorgehensweise erzielt wesentlich bessere Resultate als nur eine Analyse mit 10 Begriffen zum Keyword „Fahrrad“, in denen „Velo“ bereits mit enthalten ist.

Trotz dieser Beschränkungen in der neuen Version ist der Google-Keyword-Planner immer noch ein ideales Tool für eine relevante Keyword-Analyse. Das zeigt sich bei einem Blick auf die Details der Auswertungen in folgender Grafik.

1. Standort, Sprache und Zeitfenster bearbeiten
2. Keyword-Export als Excel-Datei
3. Suchvolumen-Trends
4. Keywords
5. monatliches Suchvolumen
6. Wettbewerbsvergleich
7. Gebote für Positionen im unteren Bereich (in der Suche)
8. Gebote für Positionen im oberen Bereich (in der Suche)

Alternativen zum Keyword-Planner

Viele Anwender stoßen bei der Nutzung des Keyword-Planners auf Probleme. Diese resultieren aus der Vorgabe, dass für die Nutzung bereits eine Kampagne in Google Ads aktiv sein muss. Ich habe daher lange nach adäquaten Alternativen anderer Anbieter gesucht.

Die beste kostenlose Lösung ist meiner Meinung nach das Keyword-Analyse-Tool von Neil Patel. Damit können Sie sämtliche Zahlen exportieren und aufbereiten. Zudem bietet die Analyse zusätzliche Informationen, wie ähnliche Begriffe, Fragen und Vergleiche. Unten stehende Übersicht zeigt eine Beispielanalyse mit diesem Tool.

KEYWORD-IDEEN SUGGESTIONS ÄHNLICH FRAGEN VORSCHLÄGE VERGLEICHE

KEYWORD	TREND	VOLUMEN	CPC	PD	SD
marketing		33.100	1,20€	9	43
marketing mix		14.800	1,90€	1	23
marketing networking		14.800	0,93€	31	32
marketing management		5.400	2,07€	43	32
marketing manager		5.400	2,07€	43	32
marketing agentur		4.400	4,41€	45	33
marketing studium		4.400	3,95€	68	40

Den Link und alle weiteren Informationen zu diesem Tool finden Sie in der Übersicht, die ich speziell für Leser dieses Buches zusammengestellt habe. Link: https://salesangels.org/book

Mein absoluter Favorit und ein absolutes Must-have unter den Tools für Suchmaschinenoptimierung und Keyword-Analyse ist allerdings SECockpit. Entwickelt hat es ein guter Freund von mir, Sam Hänni, zusammen mit seinem Team aus international renommierten Experten.

Mit diesem Tool wurde eins der größten Probleme des Keyword-Planners und alternativer Tools behoben. Denn diese zeigen zwar Begriffe und Suchvolumen an, führen jedoch keine oder eine nur unzureichende Wettbewerbsanalyse durch. SECockpit hingegen gleicht zu jedem einzelnen Suchbegriff alle in den Top 10 platzierten Websites bei Google ab und erstellt ein auf verschiedenen Kriterien basierendes Ranking, bei dem sofort ersichtlich ist, mit welchen Keywords schnell eine Top-Platzierung erzielt werden kann.

Für eine Keyword Analyse zur Optimierung einer Website oder von Blogbeiträgen ist SECockpit daher die erste Wahl. Mit diesem Tool ist sogar eine detaillierte Analyse auf YouTube möglich. Die Videoplattform spielt heutzutage eine große Rolle, um qualitativen Traffic zu generieren. Mit SECockpit können somit die beiden größten Online-Plattformen analysiert werden.

Die folgende Abbildung zeigt eine Übersicht von SECockpit, nachdem ein Keyword eingetragen wurde.

Keyword		Monatliche Suc...	Google Ads		On-I
Nische ↓ ≡	Begriff ≡	Monatliche S... ≡	≡	CPC	Titel
	adwords login	90,500		$0.61	2
	suchmaschinen	60,500		$0.46	9
	google keywords	40,500		$3.01	2
	keywordtool io	27,100		$1.54	4
	seo check	18,100		$2.55	4
	keyword finder	18,100		$2.19	2
	suchbegriff	9,900		$1.54	10
	suchmaschinenoptimie	27,100		$8.52	22
	adwords keyword planr	12,100		$4.80	0

Die wichtigsten Werte, die SECockpit liefert, sind:

Nische
Hier sehen Sie, bei welchem der eingegebenen Keywords Konkurrenzwebsites schwach abschneiden. Mit diesen Begriffen können Sie daher schnell ein gutes Ranking erzielen.

Suchvolumen und täglicher Traffic
Diese Kategorie zeigt Ihnen, wie oft ein Begriff pro Monat gesucht wird. Dadurch können Sie einschätzen, wie viele Besucher Sie bei einer Top-Platzierung (Platz 1-3) täglich auf Ihrer Website erwarten können.

CPC und Google-Adsense-Werte
Für jedes einzelne Keyword wird der durchschnittliche Klickpreis bei Google-Anzeigen angezeigt. Außerdem können Sie die potenziellen Einnahmen sehen, die ein Keyword generiert, wenn Sie Google Adsense auf Ihrer Website integriert haben.

Domain- und Titelanalyse
Unter diesem Punkt werden zu jedem einzelnen Begriff die noch verfügbaren Top-Level-Domains gelistet. Außerdem erfahren Sie, ob Websites mit Top-Platzierungen den jeweiligen Begriff im Titel (H1) der Website nutzen.

Images, Videos, News und Local Map
Hier wird für jeden Begriff angegeben, ob dafür Bilder, Videos, News oder die Google-Maps-Karte auf der ersten Seite der Google-Suchergebnisse zu sehen sind. Diese Informationen sind wichtig, wenn Sie zusätzlichen Content, wie Bilder und Videos, platzieren oder sich regional mit der Google-Maps-Karte präsentieren möchten.

Google Shopping, Amazon und eBay
Bei welchen Begriffen Google auch Resultate von eBay oder Amazon auflistet, können Sie unter diesem Punkt erkennen. Das ist relevant, wenn Sie Werbung schalten möchten, die schlussendlich einen Kauf generiert. Da Google das User-Verhalten und die Absichten hinter einer Anfrage erkennt, kann die Suchmaschine zudem feststellen, hinter welchen Suchanfragen sich häufig eine Kaufabsicht verbirgt.

Google Ads und Adsense
An dieser Stelle sehen Sie, für welche Begriffe auf Google kaum Werbung geschaltet wird und mit welchen Keywords Sie die höchsten Einnahmen mit Google Adsense realisieren können. Dank dieser Informationen kennen Sie die Keywords, mit denen Sie günstig Werbung schalten können, weil sie kaum von Mitbewerbern genutzt werden, oder über die Sie höhere Einnahmen mit Adsense generieren können.

Sam Hänni bietet einmal pro Woche ein kostenloses Training an, in dem er SECockpit erklärt und zudem spannende Hintergrundinformationen liefert. Dabei erfahren Sie, wie schnell und einfach Sie SECockpit für Ihre Marketing-Aktivitäten nutzen können. Als Teilnehmer erhalten Sie zudem einen Rabatt auf den Verkaufspreis des Analyse-Tools.

Link zum Training findest du in unserer Übersicht unter:
https://salesangels.org/book

Keyword-Analyse mit Google Analytics

Falls Sie bereits eine aktive, funktionierende Website haben, können Sie auch dafür eine Keyword-Analyse hinsichtlich der von den Website-Besuchern eingegebenen Suchbegriffe, über die sie auf Ihrer Seite gelandet sind, durchführen. Wichtig hierfür ist, dass Sie einen Google-Search-Console-Account (https://www.google.com/webmasters/tools/) besitzen, den Sie mit Google Analytics verknüpfen. Zudem muss Google Analytics aktiv auf Ihrer Website integriert sein. Dann können Sie die verwendeten Keywords ganz einfach unter „Akquisition > Search Console > Suchanfragen“ finden.

Ein Ergebnisbeispiel sehen Sie in folgender Abbildung.

Keyword	Akquisition	Conversions E-Commerce		
	Nutzer	E-Commerce-Conversion-Rate	Transaktionen	Umsatz
	5.781 % des Gesamtwerts: 4,53 % (127.749)	0,48 % Durchn. für Datenansicht: 1,14 % (-57,55 %)	38 % des Gesamtwerts: 1,28 % (2.969)	27.889,03 % des Gesamtwe 0,0 (276.398.022.473,29
[redacted]	4.844 (82,65 %)	0,53 %	35 (92,11 %)	27.828,03 € (99,78
keyword planner	9 (0,15 %)	7,69 %	2 (5,26 %)	34,00 € (0,12
adwords google keyword tool	1 (0,02 %)	20,00 %	1 (2,63 %)	27,00 € (0,10

Keyword-Analyse von Kampagnen mit Google Analytics

Falls Sie Kampagnen aktiviert haben oder CPC-Angebote nutzen, welche Google als solche inkl. Keywords erkennen kann, finden Sie dazu eine Auflistung unter „Akquisition > Kampagnen > Bezahlte Keywords“. Diese Analyse ist höchst interessant, weil Sie daran genau erkennen können, mit welchen Keywords Sie aktuell Umsatz, Leads oder Sales generieren. Unten stehende Tabelle zeigt die Ergebnisse einer solchen Analyse. Wichtig dafür ist, dass Sie Ihre Conversion-Ziele in Google Analytics erstellt und aktiviert haben. Die Erstellung von Conversion-Zielen wird Ihnen auf der exklusiven Bonusseite für Leser dieses Buches erklärt.

Keyword	Akquisition	Conversions: E-Commerce		
	Klicks	E-Commerce-Conversion-Rate	Transaktionen	Umsatz
	12.554 % des Gesamtwerts: 82,05 % (15.300)	0,29 % Durchn. für Datenansicht: 1,14 % (-74,91 %)	36 % des Gesamtwerts: 1,21 % (2.969)	493.239,3 % des Gesamtwerts: ((276.398.022.473
1. büc[redacted]	582 (4,64 %)	0,18 %	50 (13,02 %)	24,00 € (0
2. sale[redacted]	538 (4,29 %)	2,20 %	44 (11,46 %)	1.525,34 € (0
3. key[redacted]	435 (3,47 %)	0,25 %	30 (7,81 %)	27,00 € (0
4. goo[redacted]	420 (3,35 %)	0,00 %	24 (6,25 %)	0,00 € (0
5. ama[redacted]	273 (2,17 %)	0,00 %	12 (3,12 %)	0,00 € (0
6. mar[redacted]	253 (2,02 %)	0,00 %	12 (3,12 %)	0,00 € (0
7. suc[redacted]	245 (1,95 %)	0,00 %	10 (2,60 %)	0,00 € (0

Falls Sie keine Conversion-Ziele eingestellt haben, können Sie die Analysetabelle nach Absprungrate oder durchschnittlicher Besuchs-/Sitzungsdauer von oben nach unten filtern. Klicken Sie hierzu einfach auf die entsprechende Spalte. Je geringer die Absprungrate oder je länger die durchschnittliche Sitzungsdauer ist, desto relevanter ist das entsprechende Keyword. Auf diese Weise können Sie die Keywords ausfindig machen, die Besucher mit hoher Relevanz auf Ihre Website leiten.

Keyword-Analyse von Google-Ads-Kampagnen mit Google Analytics

Falls Sie Google-Ads-Kampagnen aktiviert und diese mit Google Analytics verknüpft haben, können Sie auch deren Keywords analysieren. Dazu gehen Sie in Google Analytics auf „Akquisition > Google Ads > Keywords“.

Hierbei können Sie die Keywords ebenfalls nach Conversion, Absprungrate oder durchschnittlicher Sitzungsdauer filtern. Die prägnantesten Ergebnisse erhalten Sie, wenn Sie die Keywords nach Umsatz oder Conversion-Zielen filtern. So bekommen Sie eine

Auswertung aller Keywords, welche Sie aktuell in Adwords aktiviert haben, und sehen, wie viele Besucher diese generiert haben. Anhand dessen können Sie den Wert der einzelnen Keywords für Ihre Umsätze erkennen.

Keyword-Analyse mit der Google-Suche

Eine kurze Analyse auf die Schnelle können Sie auch mit der Google-Suche durchführen. Geben Sie dazu auf google.com oder google.de einen Begriff ein. Google zeigt Ihnen daraufhin automatisch die meistgesuchten Resultate zu diesem Begriff an. Unten sehen Sie das Ergebnis einer Suche nach „Keyword“.

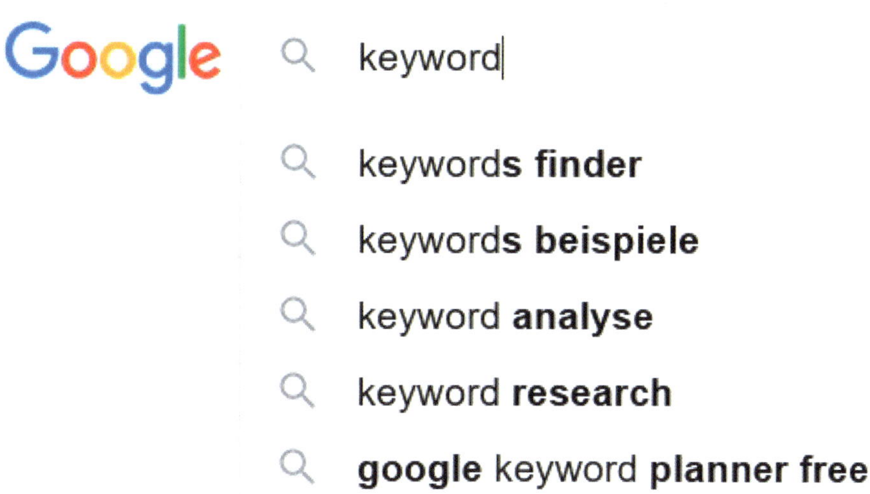

Keyword-Analyse mit AnswerThePublic

AnswerThePublic gehört neben dem Google-Keyword-Planner, Google Analytics, SimilarWeb und SECockpit zu den besten Analyse-Tools. Das kostenlose Tool, das Sie unter https://answerthepublic.com/ finden, analysiert die Suchanfragen bei Google im Hinblick auf Ihr Keyword und damit zusammenhängende Begriffe, geordnet nach Kategorien wie „wann“, „wohin“ und „warum“. Die Ergebnisse werden in einer übersichtlichen Grafik dargestellt, wie Sie in folgender Abbildung sehen.

Zum Suchbegriff „Keyword“ werden beispielsweise Resultate wie „das richtige Keyword finden“ und „was ist Keyword Search“ angezeigt. Dieses Tool ist vor allem bei der Erstellung von relevantem Content hilfreich. Egal, ob für Blogbeiträge oder Facebook-Posts, AnswerThePublic liefert viele Ideen für relevante Begriffe und Themen.

Konkurrenz-Keywords mit SimilarWeb und SEMrush analysieren

Weitere äußerst nützliche Tools für die Keyword-Analyse sind SimilarWeb und SEMrush. Der große Vorteil dieser Tools ist, dass Sie damit einsehen können, welche Keywords Ihre Konkurrenten nutzen, und darüber hinaus auch, für welche dieser Keywords, beispielsweise über Google Adwords oder CPC-Kampagnen in Suchmaschinen, bezahlt wird.

Dies ist deswegen von großer Bedeutung, weil Sie davon ausgehen können, dass Keywords, für die Ihre Konkurrenten bezahlen, auch Umsatz generieren. Dieses Wissen können Sie dann andersherum in Ihr eigenes Business transferieren. Der große Vorteil einer Keyword-Analyse mit SimilarWeb oder SEMrush ist also, dass Sie Keywords exportieren können, die garantiert Umsatz generieren werden. Die beiden Tools sind daher meiner Meinung nach aktuell die besten, die es auf dem Markt gibt.

Allerdings hat der Einsatz von SimilarWeb seinen Preis: Die Jahresgebühr für die unlimitierte Nutzung beträgt 40‘000 Euro. Wenn Sie Konkurrenten haben, bei denen SimilarWeb mehr als 10‘000 bezahlte Keywords findet, ist die Finanzierung eines solchen Accounts jedoch durchaus sinnvoll.

Ich habe dieses Tool in meinem Berufsalltag erstmals bei einem Unternehmen im Bereich Online-Geldtransfer getestet. Hauptkonkurrent war hierbei *Western Union*. Die Website dieses Unternehmens hat 12 Millionen Besucher pro Monat. Werbung schaltet *Western Union* vorwiegend über Google Ads, aber auch einige weitere Werbenetzwerke. Dank der Analyse mit SimilarWeb konnte ich 71.000 Keywords übernehmen und damit fast 500 Kampagnen in 5 Sprachen erstellen. Der Umsatz des Kunden schnellte sofort nach Aktivierung der Kampagnen in die Höhe.

Haben Sie ein solch hohes Budget nicht zur Verfügung, können Sie trotzdem ein bisschen von den Vorteilen von SimilarWeb profitieren. Denn Sie können zumindest die kostenlose Browser-Version des Tools nutzen. Damit kann man sich zu einer beliebigen Seite wichtige Daten anzeigen lassen. Die Analyse ist dabei zwar auf 5 bis 10 Resultate limitiert, aber diese können bereits sehr wertvoll für das eigene Marketing sein.

Auch mit SEMrush, dem zweiten Tool, kann die Konkurrenz analysiert werden. Dieses Tool eignet sich vor allem für den Bereich Bannerwerbung, Google-Ads-Keywords und um Traffic-Quellen ausfindig zu machen. Hierzu klickt man nach dem Login auf das „Advertising Dashboard“. Daraufhin öffnet sich ein Untermenü, in dem man auf „Display Advertising“ klickt und anschließend die Domain des zu analysierenden Konkurrenzunternehmens eingibt. Die folgende Grafik veranschaulicht das.

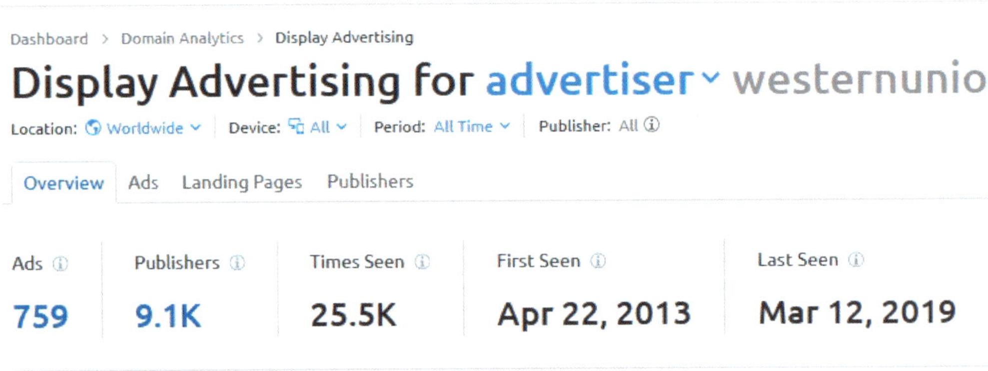

Bei *Western Union* sieht man als Ergebnis nun unter „Ad Types“, dass 59 % der Werbung als Bilder geschaltet wird. Diese kann man sich durch einen Klick auf das entsprechende Feld anschauen. Man erhält eine Übersicht mit allen Bannern, die *Western Union* veröffentlicht hat. Um diese zu strukturieren wählt man unter „Sortierfunktion“ „Anzahl Tage” aus. Nun zeigt SEMrush an, welche Banner am längsten online waren. Diese Information ist wichtig, um die qualitativen und profitablen Kampagnen herauszufiltern. Denn niemand bezahlt ein Jahr lang für Bannerwerbung, wenn diese keine Umsätze generiert.

Klickt man jetzt auf eines der Banner, sieht man verschiedene Statistiken zu dessen Erfolg sowie die Seiten, wo dieses Banner platziert wurde. In untenstehender Beispielansicht sind hierfür 10 Seiten zu sehen. Diese sortiert man nach Anzahl der Online-Tage, um herauszufinden, wo das Banner am häufigsten geschaltet wurde. Dank dieser Information kann man anschließend die eigenen Banner auf denselben Seiten platzieren und dadurch mit großer Sicherheit profitable Kampagnen starten.

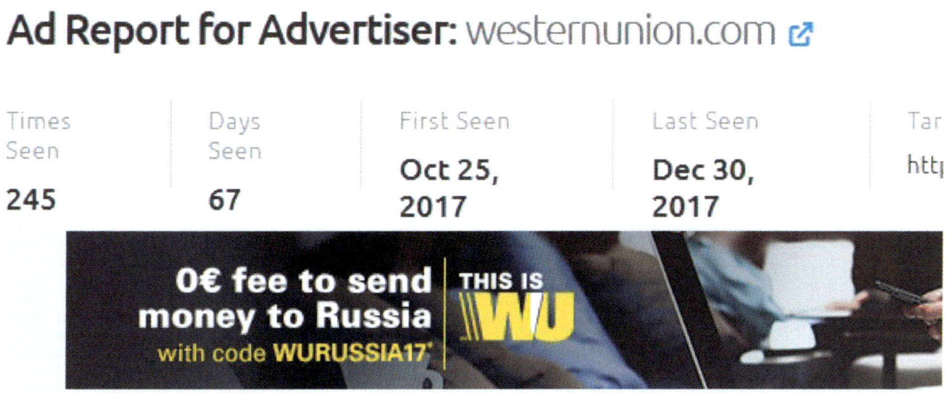

Publisher	Times Seen	Days Seen	First Seen
de.academic.ru	3	65	Oct 26, 201
meteonova.ru	8	64	Oct 25, 201
bankifsccode.com	15	63	Oct 25, 201
ulyanovskpage.ru	4	62	Oct 26, 201
universalium.academic.ru	2	54	Oct 25, 201

Nun kehrt man zum Menühauptpunkt „Display Ads“ zurück und klickt dort auf „Publisher List“. Für hiesiges Beispiel werden daraufhin über 9000 Seiten, über die *Western Union* Traffic generiert, angezeigt. Hier filtert man wiederum nach Anzahl der Tage, um die profitabelsten Seiten aus den 9000 Treffern angezeigt zu bekommen. Es reicht völlig aus, auf den 30 bestplatzierten die eigene Werbung zu schalten, um hochprofitable Kampagnen zu starten.

Mithilfe von SEMrush lassen sich also auch ohne umfangreiche Marketingkenntnisse Kampagnen aufsetzen, die sofort Umsatz generieren. Das Tool bietet neben den beiden vorgestellten Funktionen zudem noch zahlreiche weitere Analysemöglichkeiten. Und das für einen Preis, der deutlich günstiger ist als bei SimilarWeb. Schon ab 99,00 Euro pro Monat kann man SEMrush nutzen.

Auf der exklusiven Übersichtsseite mit Schulungsmaterial habe ich ein Video über SEMrush eingestellt („Traffic in 60 Sekunden"). Zudem finden Sie in der Videobeschreibung einen Link, über den Sie SEMrush 7 Tage kostenlos nutzen können.

Keyword-Analyse mit Bing

Über die Suchmaschine Bing werden zwar nicht so viele Suchanfragen wie über Google gestellt, trotzdem lohnt sich eine Keyword-Analyse mit dem Bing-Keyword-Planner. Alle Informationen und Links zu diesem Tool erhalten Sie unter: https://advertise.bingads.microsoft.com/en-us/solutions/tools/keyword-planner

Loggen Sie sich für die Analyse zunächst bei Bing Ads (https://bingads.microsoft.com/) ein. Im Navigationsmenü klicken Sie unter „Tools" auf „Keywords recherchieren". Daraufhin öffnet sich der Bing-Keyword-Planner. Dieser ist in seiner Funktionsweise identisch mit dem bisherigen (alten) Keyword-Planner von Google. Die folgende Grafik zeigt die Suchmaske.

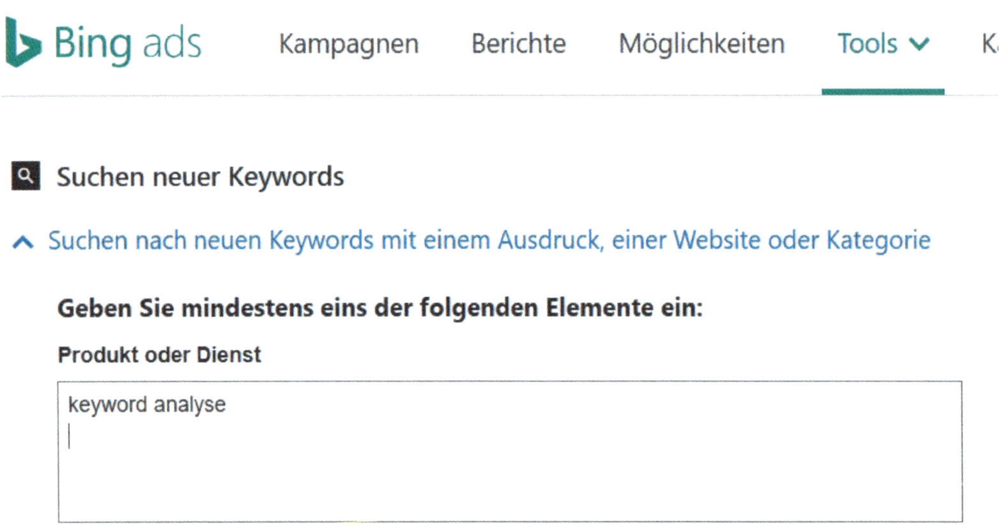

Geben Sie in den entsprechenden Feldern die erforderlichen Daten ein und starten Sie anschließend die Keyword-Analyse. Auch bei Bing haben Sie die Möglichkeit, alle angezeigten Keywords zu exportieren. Unten stehende Abbildung stellt die Ergebnisse für das Keyword „keyword analyse" dar.

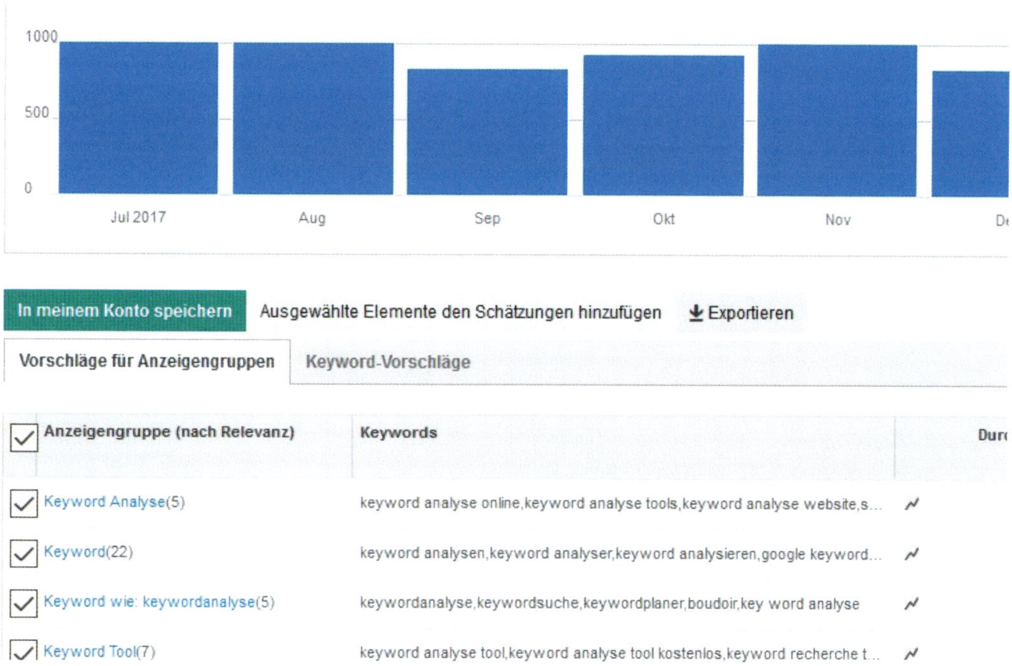

Keyword-Analyse auf YouTube

YouTube wird vielfach genutzt, um Keyword-spezifischen, kostenlosen Traffic zu generieren, wofür die Plattform auch ideal ist. Ein einziges top-platziertes Video kann über 10`000 Besucher im Monat generieren.

Eine Keyword-Analyse auf YouTube lässt sich am einfachsten mit dem Keyword-Planner und dem Suchfeld auf der Plattform durchführen. Die Suchmaske sieht wie folgt aus.

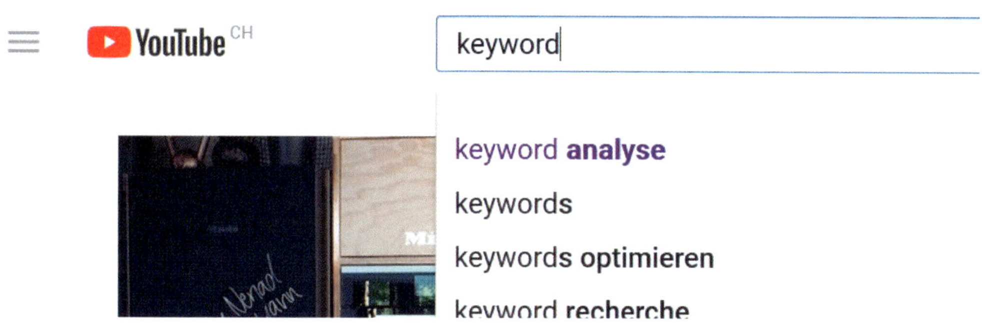

Bei bereits eingestellten Videos kann zudem in der Videostatistik geprüft werden, mit welchen Keywords User das jeweilige Video gefunden haben.

Hierzu gehen Sie direkt beim Video auf „Statistik > Zugriffsquellen > YouTube Suche“. Die folgende Abbildung zeigt die Ergebnisse für drei Keywords.

Zugriffsquelle > YouTube-Suche	Aufrufe ↓		Wiedergabezeit (Stunden)	
Gesamt	**153**		**12,1**	
buch schreiben	22	14,4 %	1,8	15,0 %
buch veröffentlichen	15	9,8 %	0,6	5,0 %
buch schreiben und veröffentlichen	5	3,3 %	0,1	0,6 %

Als Experten-Tool zur Auswertung potenzieller YouTube-Keywords ist das YTCockpit empfehlenswert. Dieses Tool analysiert neben den Keywords auch die Video-Rankings und gibt Auskunft darüber, mit welchem Keyword Ihr Video am schnellsten eine qualitative, hochrangige Platzierung erhält. Damit ist es ein Muss für jeden, der über YouTube viel Traffic generieren möchte.

Aktuell können Sie als Leser dieses Buch auf der Übersichtsseite mit dem Schulungsmaterial eine kostenlose Analyse durchführen, um sich von der Qualität und Leistung dieses Tools zu überzeugen.

Keyword-Analyse für Amazon & Co.

Für eine Keyword-Analyse auf Amazon nutze ich das Keyword Tool, zu finden unter https://keywordtool.io/. Damit können jedoch nicht nur auf Amazon, sondern auch auf YouTube, Bing, eBay, Instagram, Twitter und im Google Play Store Keywords analysiert werden. Sehr hilfreich ist bei diesem Tool vor allem die Unterkategorisierung. Damit kann bei Amazon beispielsweise ausschließlich der Bereich Bücher hinsichtlich eines Suchbegriffs analysiert werden – siehe unten stehende Grafik. Das macht vor allem spezifische Analysen in diversen Kategorien äußerst effektiv.

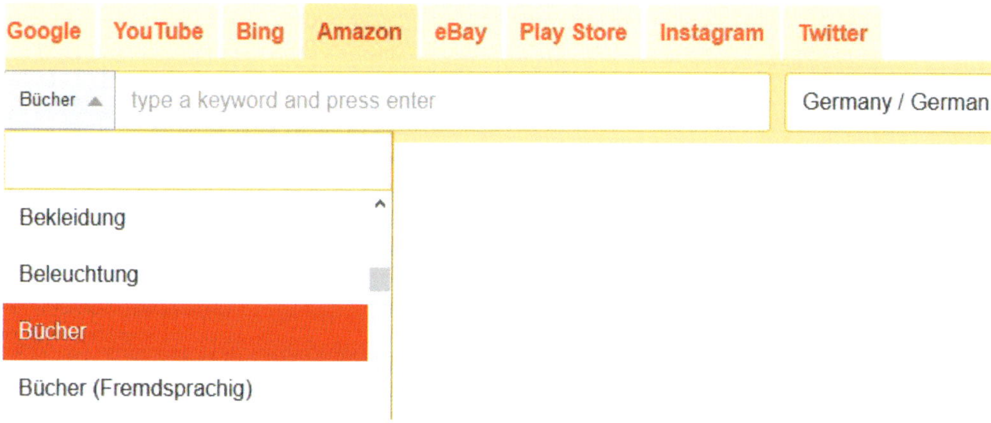

Das Tool kann kostenlos mit diversen Einschränkungen genutzt werden oder als Premiumversion ab 69,00 $ / Monat erworben werden. Alle gewonnenen Daten können einfach exportiert und verarbeitet werden.

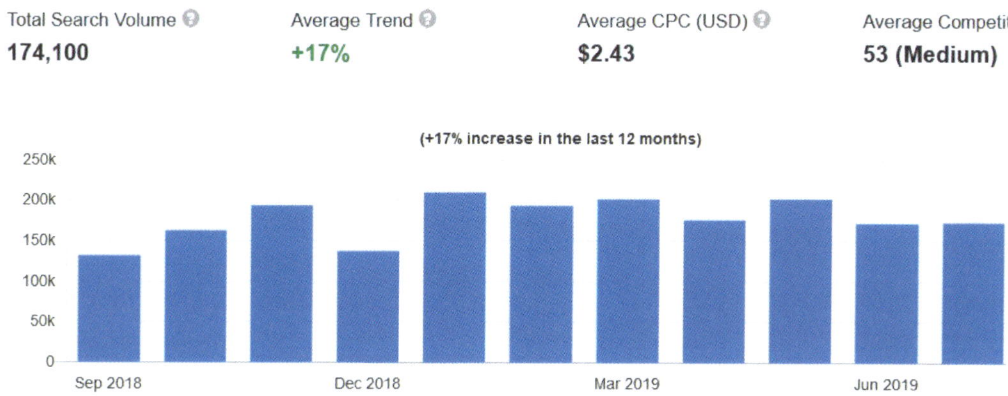

Keywords	Search Volume	Trend	CPC (USD)
marketing	70,700	+22%	$1.25
marketing **mix**	31,600	-18%	$2.09

Obige Übersicht zeigt das Analyseergebnis für das Keyword „Marketing". Neben den einzelnen Keywords selbst bietet das Tool auch eine Auswertung von mit diesem assoziierten Präpositionen und Produkten. Auf diese Weise finden Sie schnell sämtliche Produkte zu einem Keyword. Diese Informationen können Sie beispielsweise für konkurrenzbasierte Kampagnen nutzen.

Ein weiteres Tool, das speziell für die Keyword-Analyse auf Amazon entwickelt wurde, ist Helium 10. Dieses beinhaltet mehrere verschiedene Tools und kann im FBA-, MBA- und Kindle-Bereich genutzt werden, und zwar nicht nur in Deutschland, sondern für Amazon-Märkte auf der ganzen Welt. Dabei gibt es vielfältige Einsatzmöglichkeiten:

- Nischensuche und -analyse
- Keyword- und Konkurrenzanalyse
- Keyword-Suche für Amazon Advertising

Helium 10 können Sie zunächst unverbindlich und kostenlos testen, bevor Sie ein Abo erwerben. Weitere Informationen dazu finden Sie auf der exklusiven Übersichtsseite für Leser dieses Buches.

Anleitung für eine qualitative Keyword-Analyse

Nachdem ich Ihnen nun einige Tools vorgestellt habe, erläutere ich Ihnen im Folgenden detailliert den Ablauf einer Keyword-Analyse.

Als Unterstützung dafür habe ich eine Vorlage im Excel-Format erstellt, die Sie unter: https://salesangels.org/book kostenlos herunterladen können. Zusätzlich biete ich Ihnen dort auch ein Online-Training mit Schritt-für-Schritt-Anleitungen als Video an.

Eine Keyword-Analyse wird in folgenden Schritten durchgeführt:

- Keywords erfassen
- Keywords analysieren
- Keywords exportieren
- Keywords sortieren und bewerten

1. Keywords erfassen

Nehmen Sie sich dreimal je 15 Minuten Zeit, um Ihre Ideen für potenzielle Keywords, die zu den Produkten und Angeboten Ihres Unternehmens passen, zu notieren. Fragen Sie sich dabei: Mit welchem Suchbegriff würde ein User nach meinem Angebot suchen? Schreiben Sie mindestens 10 Begriffe auf. In folgender Tabelle sind mögliche Keywords zum Thema „Keyword-Analyse“ aufgelistet.

Keyword Analyse	Keyword analysieren	Keyword research
Keyword Planner	Keyword SEO	Keyword research tool
Keyword Tool	Keyword analysieren	Keyword Recherche
Suchbegriffe analyse	Analyse Tool Suchbegriffe	Google Keyword suche

2. Keyword-Analyse mit dem Google-Keyword-Planner

Da zukünftig nur noch der Google-Keyword-Planner im neuen Design verfügbar sein wird, sind die im Folgenden erläuterten Abläufe darauf abgestimmt. Sollten Sie bei den notierten Suchbegriffen/Keywords bereits Analogien erkennen können, teilen Sie die Begriffe in entsprechende Gruppen ein. Dies ist wichtig, da nur noch 10 Begriffe pro Analyse mit dem Google-Keyword-Planner genutzt werden können. In obigem Beispiel lassen sich 3 Hauptgruppen ausmachen:

- Keyword Analyse
- Keyword Research
- Suchbegriff Analyse

Daher sind 3 Analysedurchgänge im Keyword-Planner nötig, um möglichst alle potenziellen Begriffe und Variationen eines Keywords zu erhalten.

Als Nächstes öffnen Sie den Google-Keyword-Planner. Falls Sie bereits ein Google-Adwords-Konto besitzen, finden Sie das Tool im Navigationsmenü (1) unter „Keyword-Planer“ (2) – siehe unten stehende Abbildung. Sie können allerdings auch folgenden Direkt-Link nutzen: https://adwords.google.com/aw/keywordplanner/

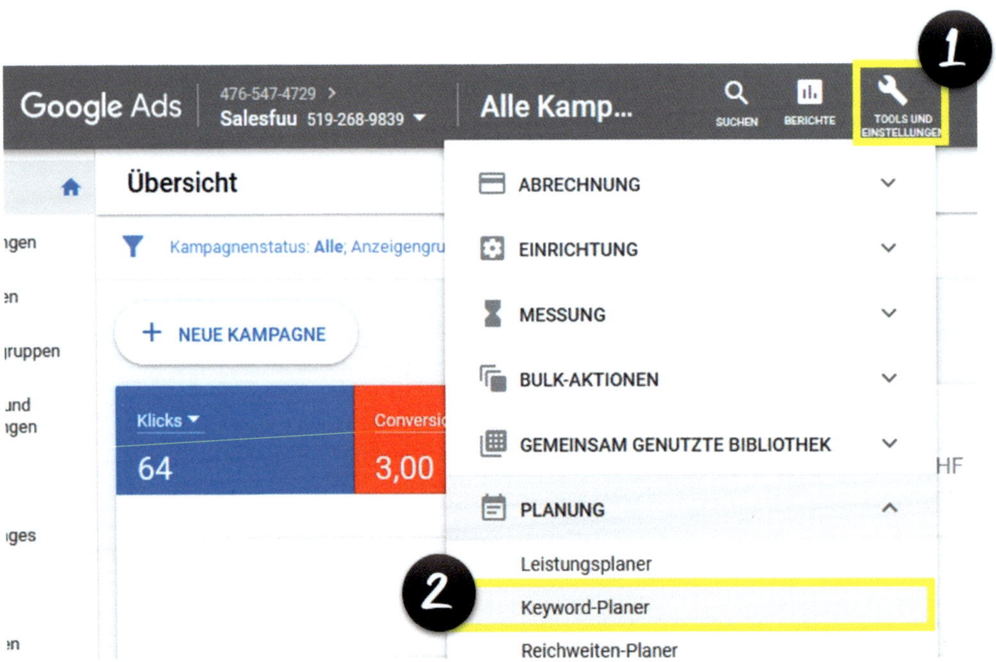

Falls Sie noch keinen Google-Ads-Account haben, erstellen Sie zunächst einen und starten eine erste Kampagne (Google-Suchnetzwerk-Kampagne), denn Google lässt leider für Accounts ohne aktive Kampagne keine Analysen zu. Sie können dabei das Tagesbudget auf 1 Euro setzen und müssen so lediglich 30 Euro pro Monat für diesen Schritt investieren. Wenn die Analyse beendet ist, können Sie zudem die Kampagne pausieren. 24 Stunden nachdem die Kampagne aktiviert wurde, können Sie die Analyseresultate im Keyword-Planner abrufen. Die folgenden Grafiken erläutern die weiteren Schritte. Kostenlose Alternativen finden Sie im internen Bereich für Buch-Leser unter: https://salesangels.org/book

Wählen Sie die Box „Keywords suchen“ aus.

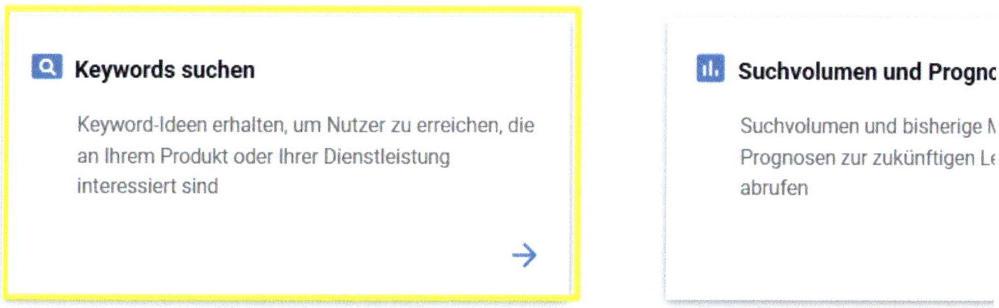

Geben Sie im Suchfeld drei bis zehn Keyword-Vorschläge zu Ihrer ersten Begriffsgruppe ein (1). Wählen Sie Markennamen (2), Sprache (3) und Standort/Land (4) aus.

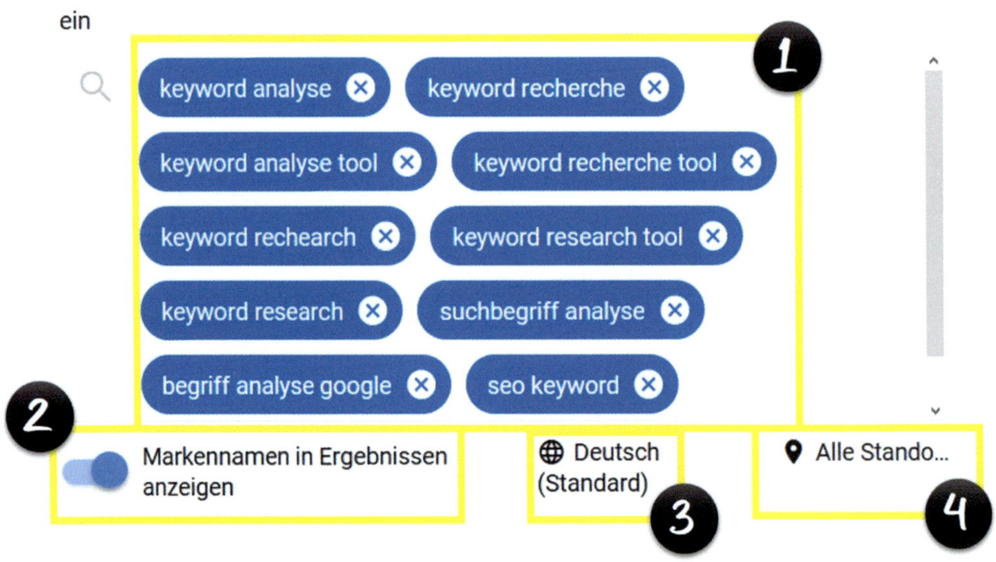

Anschließend klicken Sie auf „Starten“. Daraufhin öffnet sich der Google-Keyword-Planner mit den Analyseresultaten. Kontrollieren Sie als Erstes, ob die korrekte Sprache eingestellt ist. Falls nicht, ändern Sie diese und starten die Analyse erneut. Auch die angegebene Region sollte passen. Wenn Ihr Unternehmen vor allem regional aktiv ist, also z. B. in einer spezifischen Stadt wie Bern oder Berlin, dann wählen Sie die Schweiz bzw. Deutschland als Standort aus. Wenn Sie Ihre Produkte oder Leistungen überregional anbieten, belassen Sie die Angabe auf „alle Standorte“.

Ihnen werden nun alle Keywords, welche das Tool aufgrund Ihrer 3 Begriffe analysiert hat, angezeigt. Von links nach rechts können Sie die Keywords, die durchschnittliche Anzahl von Suchanfragen pro Monat sowie die Gebote, welche bei Google-Adwords-Anzeigen für deren Erscheinen nach einer Suchanfrage mit dem entsprechenden Keyword auf der ersten Seite jeweils unten oder oben, bezahlt werden, sehen.

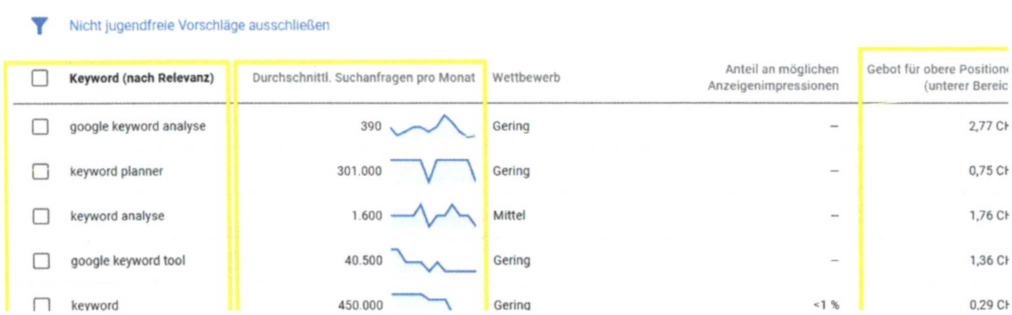
Nicht jugendfreie Vorschläge ausschließen

Keyword (nach Relevanz)	Durchschnittl. Suchanfragen pro Monat	Wettbewerb	Anteil an möglichen Anzeigenimpressionen	Gebot für obere Position (unterer Bereic
google keyword analyse	390	Gering	–	2,77 CH
keyword planner	301.000	Gering	–	0,75 CH
keyword analyse	1.600	Mittel	–	1,76 CH
google keyword tool	40.500	Gering	–	1,36 CH
keyword	450.000	Gering	<1 %	0,29 CH

Wichtig für Sie sind dabei nur die Keywords und die Anzahl der monatlichen Suchanfragen. Diese Daten exportieren Sie in ein Excel-Dokument. Dazu klicken Sie auf „Keyword-Ideen herunterladen".

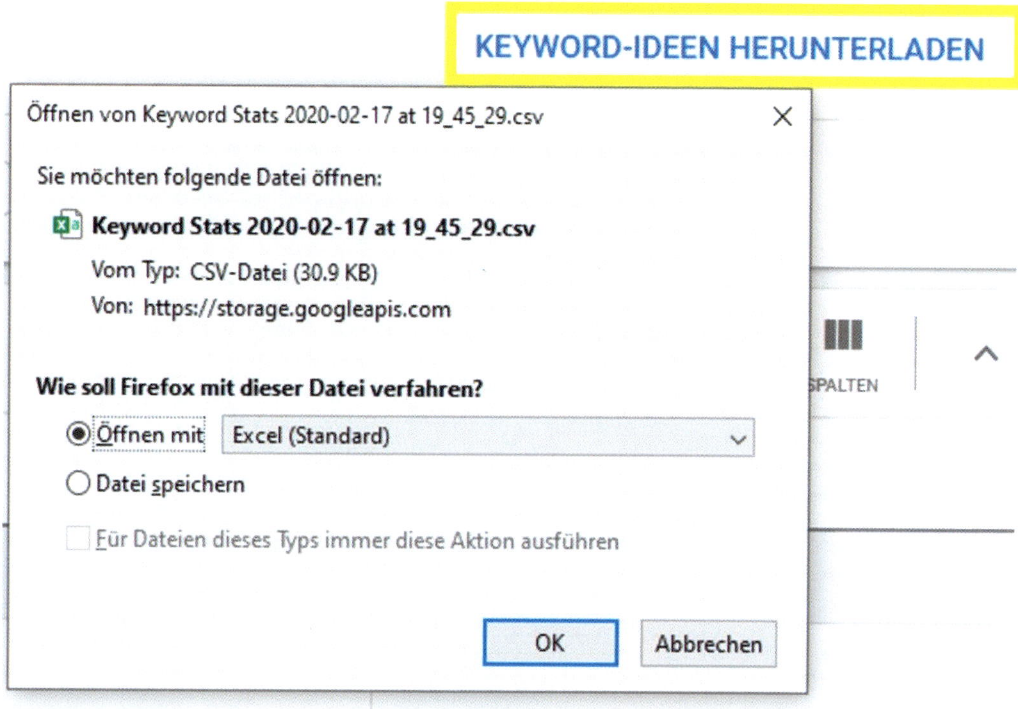

Anschließend öffnen Sie die Excel-Tabelle (1) und löschen alle Spalten außer denen mit den Keywords und Suchanfragen und fügen eine leere Zeile zwischen die Überschriften und Resultate ein (2).

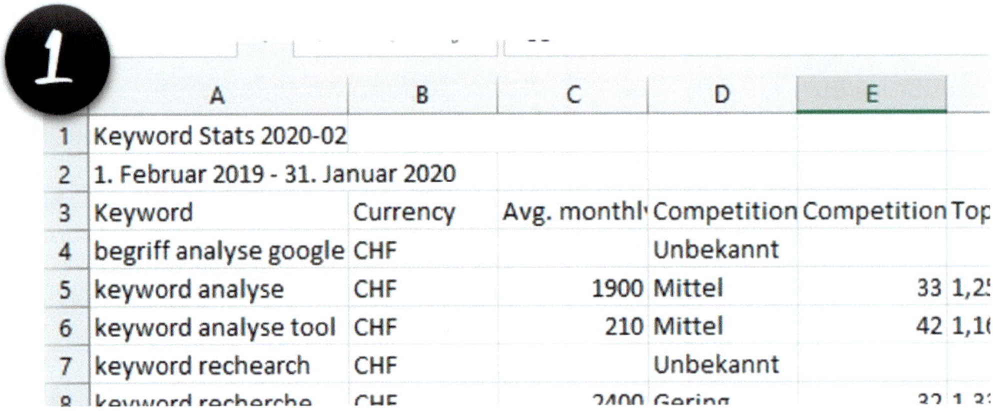

	A	B	C	D	E	
1	Keyword Stats 2020-02					
2	1. Februar 2019 - 31. Januar 2020					
3	Keyword	Currency	Avg. monthl	Competition	Competition	Top
4	begriff analyse google	CHF		Unbekannt		
5	keyword analyse	CHF	1900	Mittel	33	1,2
6	keyword analyse tool	CHF	210	Mittel	42	1,1
7	keyword rechearch	CHF		Unbekannt		
8	keyword recherche	CHF	2400	Gering	32	1,3

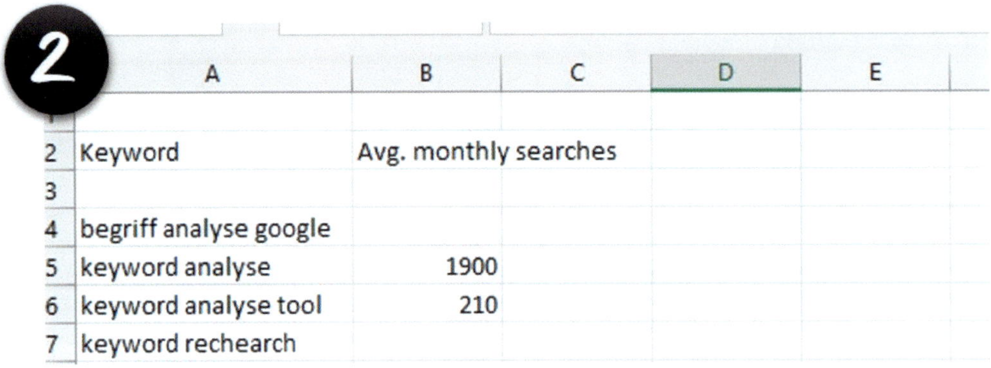

	A	B	C	D	E
2	Keyword	Avg. monthly searches			
3					
4	begriff analyse google				
5	keyword analyse	1900			
6	keyword analyse tool	210			
7	keyword rechearch				

Wiederholen Sie alle bisherigen Schritte nun mit Ihren weiteren Keyword-Gruppen. Danach haben Sie eine Liste mit allen möglichen Variationen Ihrer Keywords.

In meinem Beispiel hatte ich 3 Gruppierungen gebildet:

- Keyword Analyse
- Keyword Research
- Suchbegriff Analyse

Nachdem ich den Prozess für „Keyword Analyse" durchgeführt habe, wiederhole ich ihn also für „Keyword Research" und „Suchbegriff Analyse". Die Ergebnisse trage ich in meinem Excel-Dokument untereinander ein. Ich habe nun insgesamt etwas mehr als 1000 mögliche Begriffe.

Als Nächstes werden die Keywords aus den Analysen mit anderen Tools hinzugefügt. Suchen Sie dafür beispielsweise in den bereits vorgestellten Tools Google Analytics, AnswerThePublic oder SimilarWeb nach weiteren Keyword-Ideen.

AnswerThePublic sollten Sie dabei auf jeden Fall nutzen. Geben Sie dort in das Eingabefeld ein passendes Keyword ein, das aus maximal 2 Wörtern besteht. Wählen Sie dann den Bereich „Daten“ aus, markieren Sie die angezeigten Begriffe und fügen Sie diese unterhalb der bisherigen Resultate in Ihr Excel-Dokument ein – siehe Grafik.

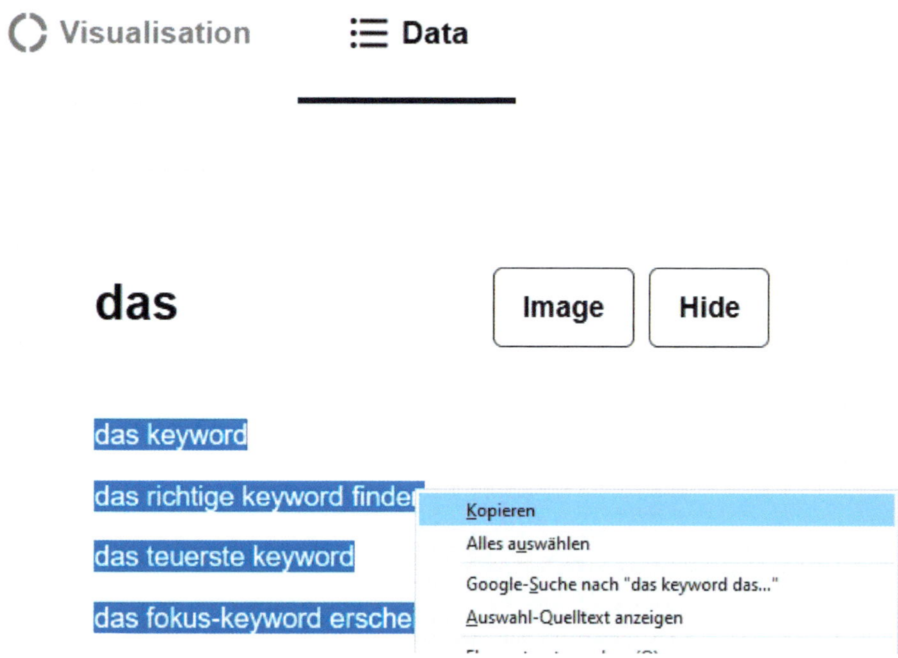

Da AnswerThePublic keine genauen Angaben zum Suchvolumen macht, geben Sie bei allen aus diesem Tool in die Excel-Tabelle hinzugefügten Keywords in die entsprechende Spalte „100“ ein.

Aus anfänglich 351 Begriffen sind nach all diesen Schritten in meinem Beispiel über 1500 geworden. Versuchen Sie, aus möglichst vielen verschiedenen Quellen Begriffe hinzuzufügen. Auf mindestens 1000 Begriffe sollten Sie mit dieser Vorgehensweise kommen.

3. Doppelte Werte löschen

Viele Keywords sind jedoch doppelt auf der Liste. Sie können diese nun entfernen. Markieren Sie dafür die beiden Spalten mit den Keywords und Suchvolumen (1) und klicken Sie in der Excel-Datei auf „Daten“ und dann auf „Duplikate entfernen“ (2).

Danach werden Sie gefragt, in welcher Spalte doppelte Inhalte gelöscht werden sollen. Wählen Sie „Spalte A“ (3).

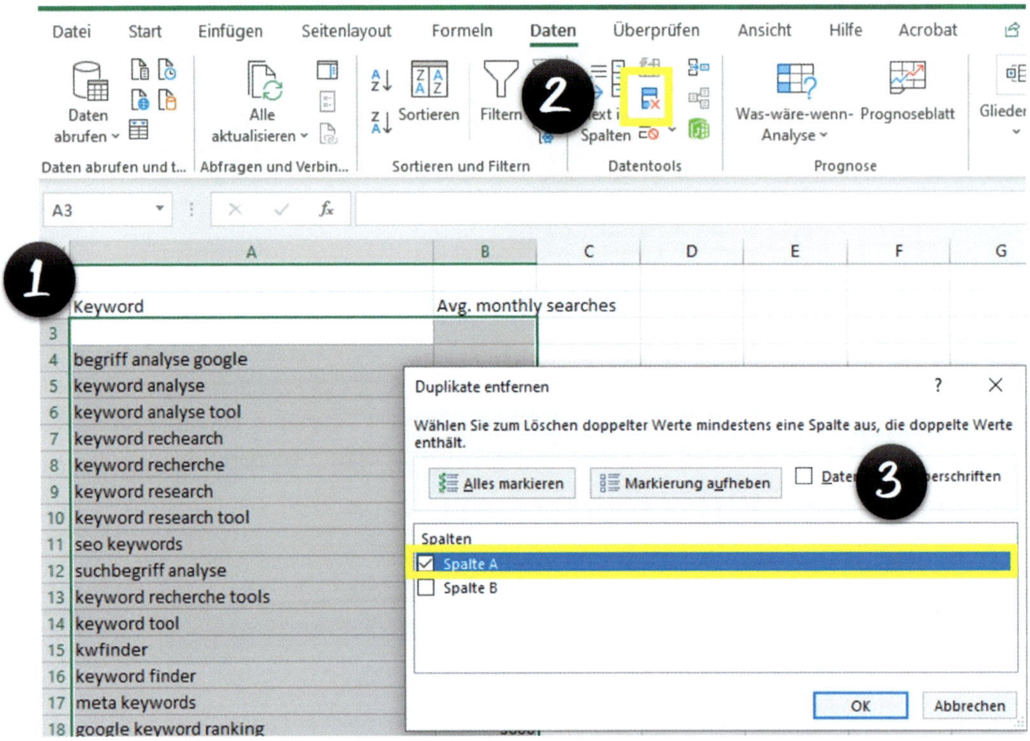

In obigem Beispiel wurden daraufhin 519 doppelte Keywords gefunden und entfernt. Übrig geblieben sind 989 Keywords.

4. Suchvolumen filtern

Im nächsten Schritt werden nun die Keywords nach der Höhe ihres Suchvolumens absteigend von oben nach unten gefiltert. Dafür wählen Sie die beiden Spalten „alle Keywords“ und „Suchvolumen“ zusammen mit einer leeren Zeile darüber aus (1). Klicken Sie dann auf „Daten > Filtern“ (2) und anschließend auf„ Nach Größe sortieren (absteigend)” (3).

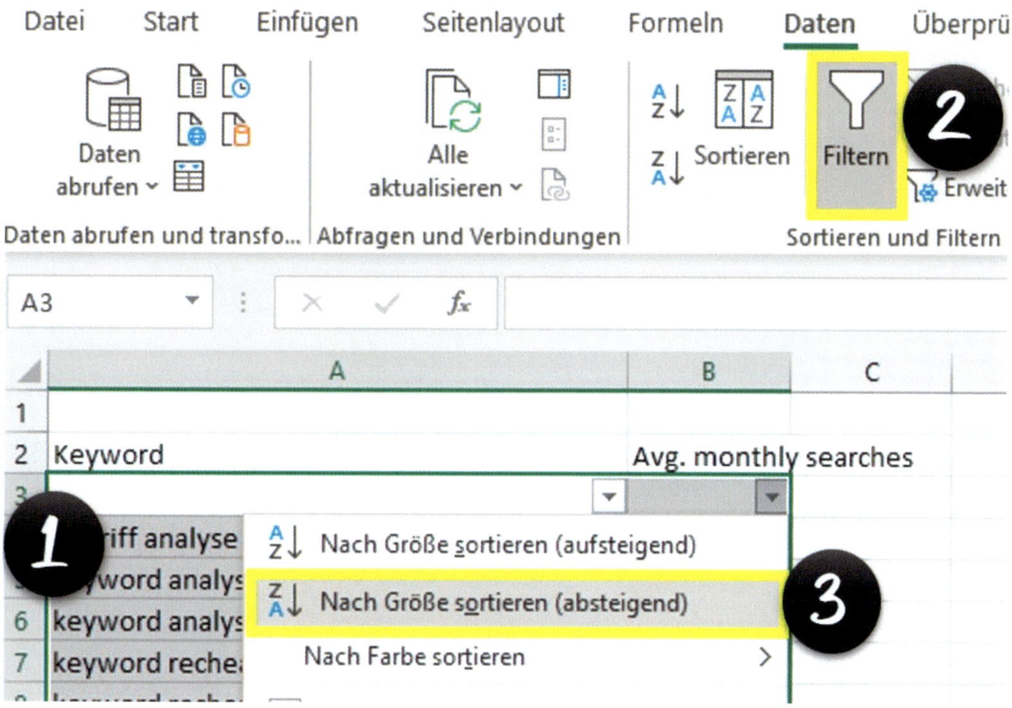

Nun haben Sie die Keywords nach der Höhe ihres Suchvolumens selektiert. Dadurch können Sie auf einen Blick erkennen, welches Keyword am häufigsten gesucht wird.
Als Nächstes heben Sie alle zu Ihrem Angebot passenden Begriffe farblich hervor. Im Beispiel habe ich 3 Begriffsgruppen und markiere jede mit einer anderen Farbe – siehe unten stehende Grafik:

- Keyword Analyse: Gelb
- Keyword Research: Blau
- Suchbegriff Analyse: Rot

Wenn es keine Gruppierungen oder aber zusätzliche wichtige Begriffe neben den Gruppierungen gibt, können Sie diese mit einem hellen Gelb markieren. Wichtig ist, dass Sie jedes Keyword durchgehen, egal wie hoch dessen Suchvolumen ist.

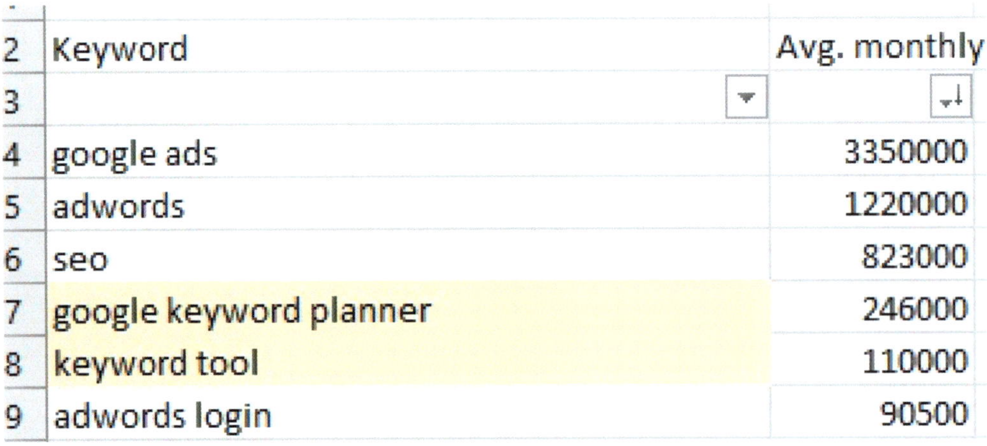

Nicht relevante Begriffe werden nicht markiert und anschließend mithilfe der Filterfunktion entfernt. Markieren Sie dafür erneut beide Spalten (1) und wählen Sie beim Filter „Nach Farbe sortieren (2) > Keine Füllung (3)“ aus.

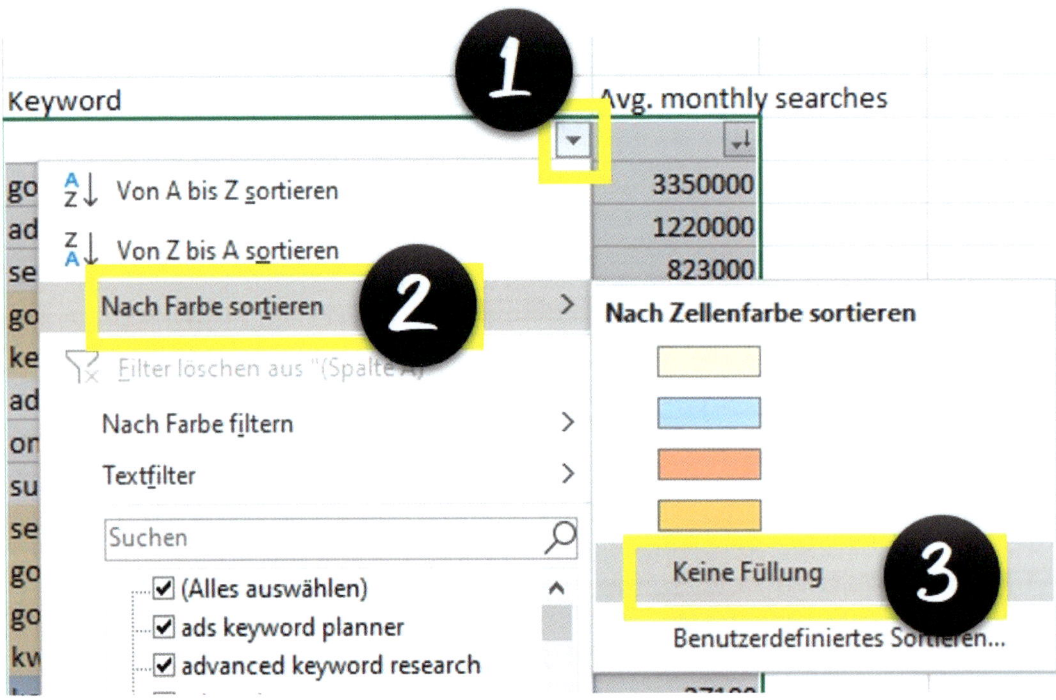

Nun können Sie ganz einfach alle Zeilen ohne farbliche Markierung löschen und haben dann eine Liste mit allen zu Ihrem Angebot passenden Keywords, die obendrein perfekt gruppiert und für die weitere Verarbeitung vorbereitet sind.

Exportieren Sie die Liste in die Excel-Vorlage, indem Sie erneut beide Spalten markieren und diese per Copy & Paste in die entsprechenden Spalten der Excel-Tabelle übertragen – siehe Abbildung.

Alle Keywords

Keywords	Suchanfragen	Wert 1	Wert 2	We
	915'770			
google keyword planner	246000			
keyword tool	110000			
seo tools	49500			
google seo	49500			
google keywords	40500			
kwfinder	33100			
keyword research	27100			
keywordtool io	27100			

Alle verbliebenen 959 Keywords der Beispielanalyse sind jetzt in der Excel-Vorlage und können weiter selektiert werden.

5. Keyword-Gruppen erstellen

Markieren Sie erneut die beiden Spalten „Keywords“ und „Suchanfragen“ und filtern diese über „Farbe sortieren“. Wiederholen Sie dies mit jeder Farbe. Nun sind alle Farben gruppiert – siehe Grafik.

Alle Keywords

Keywords	Suchanfragen	Wert 1	Wert 2	Wert
	915'770			
suchbegriff	9900			
suchbegriffe google	390			
google suchbegriffe	320			
die besten keyword-tools zur recherche von suchbegriffen	100			
suchbegriffe finden	70			
google suchbegriffe statistik	70			
google suchbegriffe häufigkeit	40			
google suchbegriffe analyse	30			
suchbegriffe ranking	30			
google suchbegriffe vergleichen	30			
google statistik suchbegriffe	30			
google suchbegriffe ranking	30			
suchbegriff analyse	20			
google suchbegriffe analysieren	20			
suchbegriffe analysieren	20			
google analyse suchbegriffe	20			
keyword research	27100			
keyword research tool	18100			
google keyword research tool	1900			
keyword researcher pro	720			

6. Mit W-Fragen die Top-Keywords definieren

Im nächsten Schritt wird jedes einzelne Keyword bezüglich der W-Fragen „**W**as passt zu meinem Angebot?“ und „**W**ie hoch ist die Kaufwahrscheinlichkeit?“ mit Punkten bewertet. Die erste Frage zielt darauf ab, wie gut ein Keyword zu Ihrem Angebot passt. Die zweite Frage hingegen ermittelt, wie groß die Kaufabsicht eines Users, der dieses Keyword benutzt hat und dadurch auf Ihre Website gelangt ist, bezüglich Ihrer Produkte ist. Pro Frage und Keyword vergeben Sie jeweils 1 bis 10 Punkte, wobei die 10 für ein absolut passendes Keyword bzw. eins mit großer Kaufkraft verwendet wird.

Wenn Sie beispielsweise Herren-Mountainbikes verkaufen, haben Sie vielleicht die folgenden Keywords festgelegt bzw. herausgefiltert:

- Fahrrad
- Fahrrad kaufen
- Herren Mountainbike kaufen
- Mountainbike Fahrrad

Die Auswertung und Bepunktung könnte dann wie folgt aussehen:

Keyword	**Zum Angebot passend**	**Große Kaufkraft**
Fahrrad	8	5
Fahrrad kaufen	8	10
Herren Mountainbike kaufen	10	10
Mountainbike Fahrrad	10	9

Das Keyword „Herren Mountainbike kaufen" passt demnach 100%ig zum Produkt und besitzt eine große Kaufkraft. „Mountainbike Fahrrad" hingegen passt zwar ebenfalls perfekt zum Angebot, jedoch ist nicht klar, ob der User, der darüber auf Ihrer Website gelandet ist, tatsächlich ein Mountainbike kaufen oder lediglich Bilder davon ansehen möchte oder sogar etwas völlig anderes mit der Suche beabsichtigt hat.

Bevor Sie nun alle Keywords mithilfe der W-Fragen bewerten, lesen Sie zunächst noch den nächsten Punkt zur Schmerzskala und versetzen Sie sich in einen User, der die einzelnen Keywords in eine Suchmaschine eingibt, hinein.

Schmerzskala und -analyse als wichtige Ergänzungen zu Keywords und Kampagnen

Ein Kunde kann extrem kauffreudig werden, wenn ein Verkäufer auf den Schmerz eingeht, den der Kunde erleben würde, wenn er den Kauf nicht tätigt. Der Verkäufer muss dabei den Kunden diesen Schmerz wirklich fühlen lassen, sodass das Angebot als Erlösung vom Schmerz äußerst attraktiv wird.

Wenn Sie beispielsweise ein Angebot zum Thema Burn-out haben, haben Sie bei der Keyword-Analyse vielleicht den Begriff „Hilfe gegen Burn-out" herausgefiltert. Fragen Sie sich nun, was passieren würde, wenn ein potenzieller Kunde sein Problem (das Burn-out) oder Bedürfnis (das Burn-out behandeln/loswerden) nicht lösen bzw. befriedigen kann. Daraus entwickelt sich bei ihm ein „Schmerz". Notieren Sie einige Ideen dazu, wie dieser „Schmerz" aussehen könnte, in Ihrem Excel-Dokument, beispielsweise:

- kann nicht mehr arbeiten
- kann nicht mehr klar denken
- kann seine Familie nicht mehr ernähren
- geschwächtes Immunsystem und Krankheiten
- Abhängigkeit und Verlustängste
- Freiheitsentzug
- stationärer Klinikaufenthalt, verbunden mit hohen Kosten

Nun hinterfragen Sie bei jedem Keyword aus der Analyse, ob dieses mit viel oder wenig „Schmerz" verbunden ist. Bewerten Sie dies mit Punkten von 1 bis 3 (1 = wenig Schmerz / 3 = viel Schmerz).

Mithilfe dieser Analyse können Sie Ihre Keywords noch detaillierter nach ihrer Kaufkraft filtern. Zudem hilft Ihnen eine solche Schmerzskala bei der Erstellung von Kampagnentexten. Die Erfahrung zeigt, dass Keywords mit einem hohen Schmerzpotenzial kombiniert mit einem passenden Kampagnentext und einer prägnanten Landingpage, eine enorme Conversion-Rate erzielen. Für das Beispiel „Burn-out" könnte das wie folgt aussehen:

Keywords:

- Hilfe gegen Burn-out
- Burn-out erkennen
- Burn-out Prävention
- Arzt für Burn-out

Kampagnentext:
Titel: Burn-out – Soforthilfe bei Stress & Verlustängsten
Text: In 7 Schritten sofort aus der Burn-out-Krise

Alle Keywords

Keywords	Suchanfragen	Wert 1	Wert 2	Wert 3	Wert 4
	915'770	passend	Kaufkraft	Schmerz	Punkte
suchbegriff	9900	4	2	1	7
suchbegriffe google	390	8	3	1	12
google suchbegriffe	320	8	3	1	12
die besten keyword-tools zu	100	10	8	3	21
suchbegriffe finden	70	10	3	2	15

Nachdem Sie alle Keywords mittels W-Fragen und Schmerzskala bepunktet haben, erhalten Sie einen Überblick über alle Keywords (siehe obige Tabelle) und können die Resultate nach Gesamtpunktzahl, Suchvolumen, Relevanz, Kaufkraft oder Schmerz filtern. Dadurch erkennen Sie schnell, welche Keywords priorisiert werden sollten. Natürlich können Sie auch ein wenig spielen und weitere Werte selbst definieren.

Falls Sie Keywords ins Auge gefasst hatten, die nun zwar ein hohes Suchvolumen aufweisen, jedoch aufgrund der Punkteskalen weit nach unten gerutscht sind, sollten Sie sich fragen, ob Sie eventuell Ihr Angebot bzw. Ihr Produkt erweitern oder verändern sollten, um eine bessere Bewertung und somit ein höheres Ranking des gewünschten Keywords in Ihrer Liste zu erzielen.

Die eigentliche Keyword-Analyse ist hiermit beendet. Sie können das Excel-Tabellenblatt nun mittels Copy & Paste nutzen, um eine weitere Begriffsgruppierung zu filtern oder die Analyse erneut zu einem weiteren Produkt oder Angebot durchzuführen.

Eine solche Analyse kann viel Zeit in Anspruch nehmen. Aber diese Zeit ist es wert. Denn das ist der wichtigste Schritt hin zu einem ertragreichen Online-Business. Wenn Sie die Analyse ausschließlich für Google-Kampagnen nutzen möchten, können Sie die W-Fragen auch weglassen. Denn sobald die Kampagnen laufen, werden Sie schnell bemerken, welche Keywords Käufe generieren und welche nicht.

Welches Keyword ist das beste?

Ich werde immer wieder gefragt, nach welchen Kriterien ich Keywords priorisiere und welches Keyword das beste sei. 100%ig kann man dies nie voraussagen. Mithilfe der Vorlage, die Sie nun erarbeitet und ausgefüllt haben, lässt sich jedoch eine zu 90 % genaue Prognose treffen.

Viele Unternehmer analysieren mögliche Keywords nur mit dem Google-Keyword-Planner. Danach wird das meistgesuchte als bestes Keyword festgelegt. Aus eigener Erfahrung weiß ich aber, dass nur das Keyword, welches am häufigsten gesucht wird, gleichzeitig aber auch eine hohe Punktzahl bei Relevanz und Kaufkraft aufweist, zu den umsatzstärksten gehören wird.

Falls Sie einmal zwei Keywords mit annähernd gleichem Suchvolumen und denselben Punktzahlen haben, können Sie noch Google Trends zu Hilfe nehmen. Dieses Tool hilft Ihnen ebenfalls weiter, wenn Sie zwei verschiedene Begriffsgruppen haben und nicht wissen, welches Thema in Zukunft eine höhere Relevanz haben wird. Ein Beispiel hierfür sind die Keywords:

- Keyword Recherche
- Keyword Analyse

Geben Sie die beiden Begriffe bei Google Trends ein:

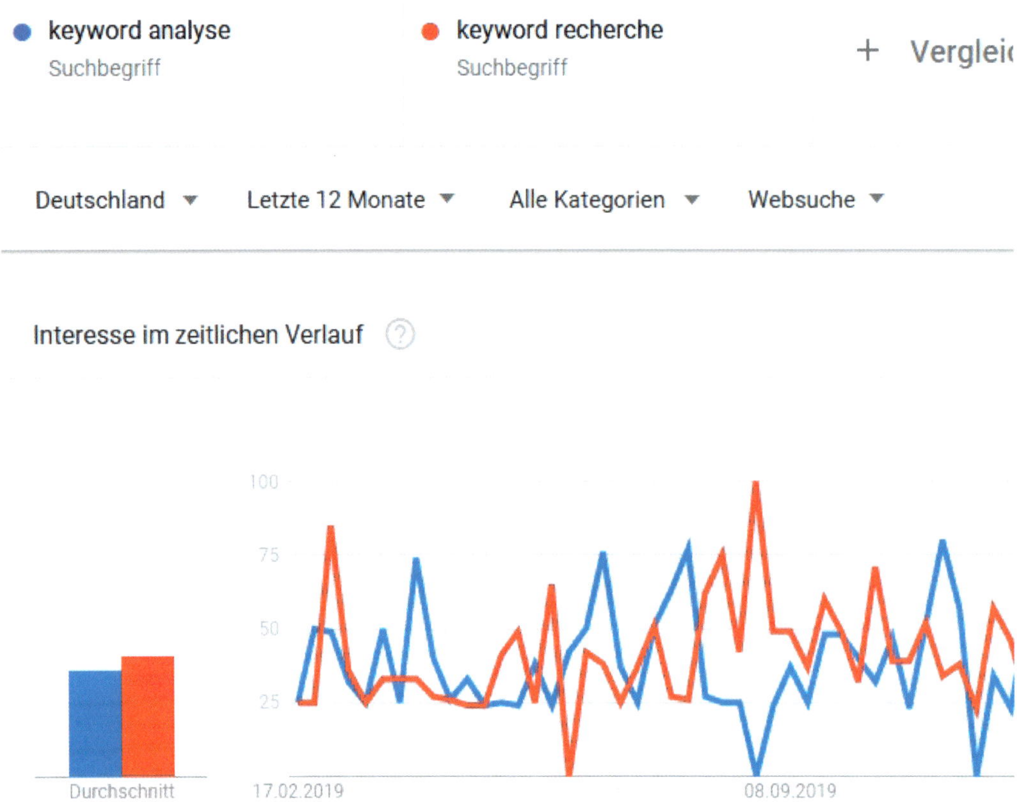

In der Grafik ist eindeutig erkennbar, dass der Trend bei „Keyword Recherche“ tendenziell erfolgversprechender ist. 2017 war dieser Trend jedoch noch genau andersherum:

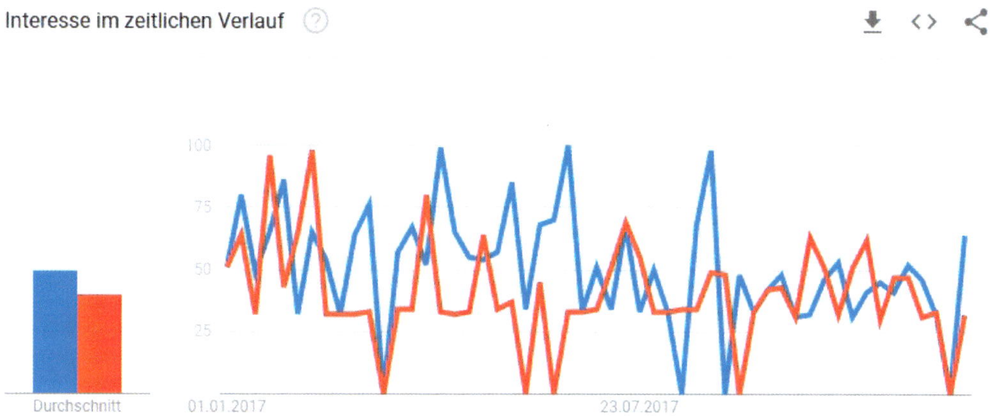

Daher sollten Sie solche Trends im Auge behalten und regelmäßig, aber zumindest einmal jährlich einen Vergleich durchführen.

Die Google-Adwords-Vorlage als nächster Schritt

Da der Großteil derer, die eine Keyword-Analyse durchführen, auch plant, Werbung bei Google Ads zu schalten, bietet die Excel-Vorlage zahlreiche weitere Vorteile:

- Verantwortliche nehmen sich automatisch mehr Zeit für eine Analyse und Kampagnen.
- Die Vorlage kann ganz einfach von Kunden abgenommen werden.
- Die Vorlage ist ideal für die Übersetzung von Keywords in andere Sprachen.
- Die Vorlage kann für viele Marketingaktivitäten genutzt werden.
- Die Nutzung der Vorlage führt nachweislich zu einer deutlich verbesserten Kampagnen-Performance.

Vor allem bei mehrsprachigen Kampagnen ist die Vorlage äußerst nützlich, um Chaos zu vermeiden. Die Übersetzer können dank der Vorlage sofort starten und benötigen zudem keinen Zugriff auf Ihr Google-Adwords-Konto. In der Vorlage wird die Anzahl der verfügbaren Zeichen angezeigt. Dadurch können Texte, die in der Zielsprache länger sind, auf die maximale Zeichenanzahl angepasst werden.
Nicht zu unterschätzen sind ebenfalls die Vorteile, die die Vorlage in der Organisation und als Konzentrationshilfe bietet. Erfahrungsgemäß wird

durch die Arbeit mit der Excel-Vorlage immer eine bessere Performance erzielt als ohne Vorlage. Die Zusammenarbeit mit anderen wird vereinfacht und eine strukturierte Analyse begünstigt.

Keywords und Kampagnentexte

Öffnen Sie in der Excel-Vorlage den Tab „DE Kampagnen Manager". Geben Sie in der Spalte „Keywords" die erste Keyword-Gruppe und die jeweiligen Suchvolumen ein. Hierzu kopieren Sie die eine der farblich markierten Gruppierungen (zunächst also Gruppe 1) in diese Spalte – siehe Abbildung.

Gruppe Keyword Analyse

Keyword	volumen
	4810
keyword analyse	1900
keyword analyser	390
keyword analyse google	320
seo keyword analyse	320
google keyword analyse	260
keyword analyse tool	210
was ist eine keyword analyse	100

Kampagnen Berechnung	
Volumen	4'810
Mögliche Klicks	**1'203**
Durchschnitt CPC	0.25
Maximal Budget	**301**
Dein Budget	**100**
Deine Klicks	**400**

Nun wird automatisch rechts das Suchvolumen angezeigt und es werden dafür relevante Berechnungen durchgeführt. So sehen Sie beispielsweise sofort, wie viele Klicks mit einem Keyword mindestens realisiert werden können und welches Budget Sie maximal pro Monat ausgeben können. Zudem haben Sie die Möglichkeit, Ihr Wunschbudget einzugeben, um zu erfahren, wie viele der insgesamt möglichen Klicks Sie damit erreichen..

Die Vorlage ist für mehrere Kampagnen und Begriffsgruppen geeignet. Wenn Sie also für verschiedene Produkte eine Gruppierung oder ein Thema bei der Analyse auf zwei Gruppen aufgeteilt haben (mehrere Farben), können Sie die Vorlage für alle nutzen.

Geben Sie nun einen Kampagnennamen ein. Dieser ist wichtig, wenn Sie verschiedene Google-Adwords-Kampagnen in Analytics analysieren möchten, um jede Kampagne anhand ihres Namens direkt identifizieren zu können. Legen Sie sich anschließend am besten einen

Kampagnenschlüssel an, in dem Sie all Ihre Kampagnen auflisten. Ich nutze dabei folgende Parameter:

- Sprache: DE
- Werbung in einer Suchmaschine: SEARCH
- Werbung in der YouTube-Suche: YTSEARCH
- Thema: THEMA
- Landingpage: HOME

Für eine Kampagne auf Deutsch zum Thema „Burn-out“, die in der Google-Suche geschaltet und auf der Homepage verlinkt wird, sähe dieser Schlüssel wie folgt aus:

DE_SEARCH_BURNOUT_HOME

Anschließend formulieren Sie 3 bis 6 Kampagnentexte unter Verwendung Ihrer Top-Keywords. Nutzen Sie dabei auch die Informationen aus der Schmerzanalyse sowie wirkungsvolle Adjektive, wie beispielsweise: homogen, hübsch, hüllenlos, humorvoll, ideal, imagefördernd, imponierend, imposant, individuell, informativ, inhaltsreich, intelligent, kenntnisreich, knackig, komfortabel, ... Ich habe eine Liste mit über 1000 Begriffen zusammengestellt, die Sie in der Excel-Vorlage finden.

Google Adwords wird die verschiedenen Kampagnentexte miteinander vergleichen und auswerten. Dadurch finden Sie schnell heraus, welche Titel und Texte den meisten Traffic und die häufigsten Sales generieren.

Die Zeichenanzahl gibt Ihnen einen Überblick, wie viele Zeichen Ihnen noch für Titel oder Kampagnentext zur Verfügung stehen, wie lang diese also noch werden dürfen – siehe Abbildung.

Kampagnen Name:	DE_TextAd_Search_KeywordAnalyse	
Anzeige Titel 1	**Hier Titel 1 auf deutsch**	24 /30
Anzeige Titel 2	**Hier Titel 2 auf deutsch**	24 /30
Anzeige Titel 3	**Hier Titel 3 auf deutsch**	24 /30
Anzeige Text 1:	Hier kommt Text 1 auf deutsch für die Anzeige	45 /90
Anzeige Text 2:	Hier kommt Text 2 auf deutsch für die Anzeige	45 /90
Anzeige URL:	Hier die Anzeige URL	20 /35
Anzeige Ziel URL:	Hier die Ziel URL	

Auch hierbei bietet die Vorlage den klaren Vorteil, dass man sich automatisch ausreichend Zeit für die Erstellung der Kampagnentexte nimmt. Wenn Sie die Texte direkt in Google Adwords formulieren, nehmen Sie sich erfahrungsgemäß nicht so viel Zeit dafür, wie wenn Sie die Vorlage nutzen. Außerdem können Sie Texte in der Vorlage problemlos von anderen (professionellen) Textern ergänzen oder lektorieren lassen.

Nachdem Sie die Vorlage komplettiert haben, können Sie sie Ihren Kunden zudem ganz einfach zur Abnahme zusenden oder von Übersetzern in andere Sprachen übertragen lassen. Wenn all dies fertiggestellt ist, können Sie sämtliche Inhalte per Copy & Paste in Ihren Google-Adwords-Account einfügen.

Google Adwords und Keywords für das Aktienportfolio einsetzen und Profite auf Knopfdruck generieren

Wenn Sie Keywords in Kombination mit Google Adwords nutzen, erhalten Sie nach einer gewissen Optimierungszeit eine unglaublich gut funktionierende Sales-Maschine, die Sie ganz nach Belieben nach oben skalieren können. Im Folgenden erläutere ich Ihnen, wie Sie durch diese Kombination ein Aktienportfolio erschaffen, das Sie selbst steuern können und das einen viel höheren Wert als viele renommierte und beliebte Aktien an der Börse generieren wird.

Im einfachen Sales-Pfad des Online-Marketings soll auf ein Angebot (Landingpage, Website) Traffic (Besucher) generiert werden. Je mehr Besucher das Angebot sehen, desto mehr Umsatz entsteht. Die Frage ist also, wie möglichst schnell möglichst viel Traffic generiert werden kann. Wenn Sie bereits eine Facebook-Seite besitzen, können Sie dort einen entsprechenden Post veröffentlichen. Etwa 20 % Ihrer Fans bzw. Follower werden den Post im Durchschnitt sehen und daraufhin Ihr Angebot anschauen. So können Sie kurzfristigen Traffic für ungefähr 5 Tage generieren. Da Ihre Fans Sie und Ihre Angebote bereits kennen, entstehen auf diesem Wege vermutlich auch einige Verkäufe.
Wenn Sie die E-Mail-Adressen von Kunden oder Interessenten haben, können Sie ihnen einen Newsletter o. Ä. mit dem Hinweis auf Ihr Angebot senden. Doch auch das sorgt nur kurzfristig für einen Anstieg des Traffics.

Das Ziel ist jedoch dauerhafter, qualitativer Traffic und anschließend Umsatz zu günstigen Konditionen und mit möglichst geringen Streuverlusten. Erfahrungsgemäß erreichen Sie dieses Ziel nur mit Keyword-spezifischem Traffic, da dieser die höchsten Kaufraten (Conversions) erzielt. Keyword-spezifischer Traffic bedeutet, dass ein User in genau den Sekunden, bevor er auf Ihrer Angebotsseite gelandet ist, nach genau Ihrem Angebot gesucht hat. Dieser User ist also in exakt diesem Moment an Ihrem Angebot interessiert. Um bei einem unserer Beispiele zu bleiben: Wenn Sie Hilfe bei Burn-out anbieten und ein Besucher auf Ihre Website stößt, hat er genau jetzt nach Hilfe bei einem Burn-out gesucht, wodurch die Wahrscheinlichkeit, über diesen User einen Lead oder Sale zu generieren, sehr groß ist.

Die wichtigste Frage ist daher, wie Sie qualitativen und Keyword-spezifischen Traffic generieren können. Bei einer Analyse der Websites mit den meisten deutschsprachigen Besuchern landen auf den ersten 5 Plätzen Google.de, YouTube, Google.com, Facebook und Amazon. Außer bei Facebook suchen Millionen von Usern über ein Suchfeld nach Lösungen für ihre Probleme und Angeboten, um ihre Bedürfnisse zu befriedigen. Wenn also ein User ein Burn-out hat, wird er diesen Begriff googeln, YouTube-Videos dazu ansehen oder auf Amazon ein Buch zu diesem Thema suchen. Daher ist es wichtig, Ihr Angebot auf diesen Seiten zu platzieren. Wenn Sie dies gut bewerkstelligen, werden täglich neue User, die genau nach Ihrem Angebot suchen, Ihre Website besuchen.

Bei Google können Sie Ihre Website sowie Bilder zu verschiedenen Keywords suchmaschinengerecht optimieren (SEO). Bei YouTube können Sie eingestellte Videos zu den wichtigsten Keywords pushen (YouTube-SEO). Ob und wann Ihre Website bei Google oder Ihr Video auf YouTube ganz oben auf der Liste erscheint und täglich Traffic generiert, ist mit diesen Methoden jedoch relativ ungewiss. Auf jeden Fall ist diese Vorgehensweise normalerweise mit Aufwand und Zeit verbunden. Wenn Sie diesen Ablauf beschleunigen und innerhalb von 24 bis 48 Stunden eine Wirkung erzielen wollen, benötigen Sie Keyword-spezifische Kampagnen.

Der Vorteil an Google Adwords ist, dass dort gestartete Kampagnen schon am nächsten Tag für qualitativen Traffic sorgen. Zudem können Sie bereits mit einem Tagesbudget von 1 Euro starten und haben trotzdem alle Möglichkeiten, um Ihre Kampagnen zu verbessern und zu optimieren.

Mit Google Adwords, können Sie exakt auf ihre wichtigsten Keywords abgestimmte Kampagnen in der Google-Suche platzieren. Wenn dann jemand unserem Beispiel folgend „Burnout Hilfe“ als Suchbegriff bei Google eingibt, erscheint Ihr Werbetext, wie unten stehende Abbildung zeigt.

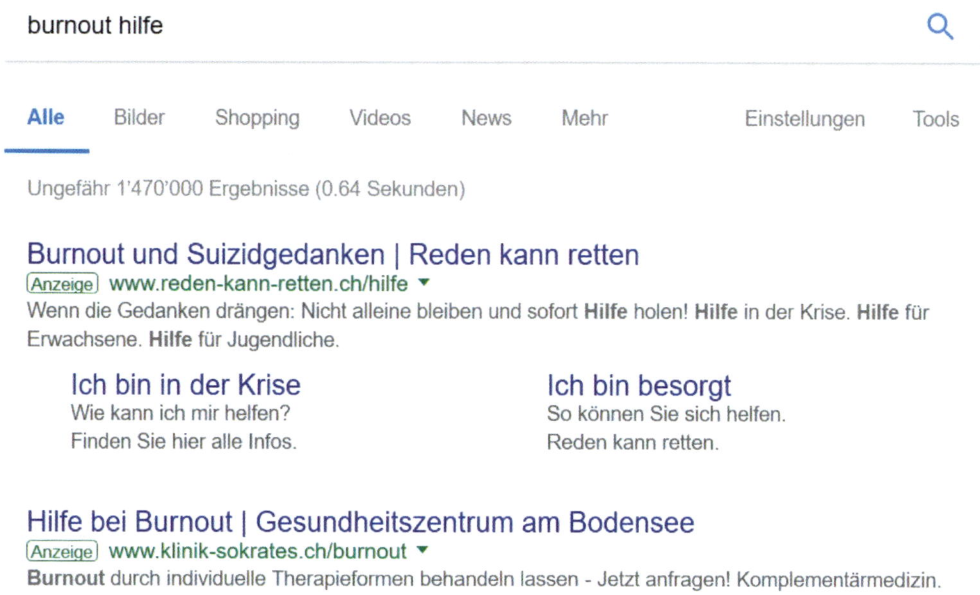

Sie bezahlen jedoch erst dann für eine Anzeige, wenn der suchende User tatsächlich darauf klickt und auf diesem Wege auf Ihre Seite gelangt. Da Sie mit Google Analytics jegliche Umsätze über Google Adwords analysieren können, ist es wichtig, nach einer ausführlichen Keyword-Analyse auch Kampagnen bei Google Adwords zu starten.

Sie brauchen dafür kein riesiges Werbebudget. Starten können Sie, wie bereits erwähnt, mit 1 Euro pro Tag, Für optimale Ergebnisse ist jedoch ein Budget von 200 bis 500 Euro im Monat empfehlenswert. Zudem ist es ratsam, maximal 0,10 bis 0,15 Euro in CPC-Gebote (Kosten pro Klick) zu investieren. Natürlich sind die meisten Keywords mit einem so niedrigen Gebot nicht aktiv. Wenn Sie jedoch eine ausführliche Keyword-Analyse durchgeführt haben, haben Sie in der Regel über 100 passende Keywords in Ihrem Excel–Dokument zur Verfügung. Sie haben also mit Sicherheit pro 100 Keywords 10 bis 30 Begriffe, die viele Klicks generieren werden, und können daher selbst mit einem geringen monatlichen Budget für großen Traffic auf Ihrer Angebotsseite sorgen. Dafür müssen Sie allerdings erkennen, welche Keywords für Leads und Umsatz sorgen. Das ist dank Google Adwords und Analytics sehr einfach, was an einigen Beispielen verdeutlicht werden soll.

In Google Analytics können Sie unter „Aquisition > Adwords > Keywords“ einsehen, welches Keyword welche Umsätze generiert.

Keyword	Acquisition			Conversions eCommerce		
	Clicks	Cost	CPC	Ecommerce Conversion Rate	Transactions	Revenue
	7,037 % of Total: 94.52% (7,445)	€2,662.77 % of Total: 95.47% (€2,789.14)	€0.38 Avg for View: €0.37 (1.00%)	6.77% Avg for View: 10.42% (-35.02%)	578 % of Total: 29.64% (1,950)	€124,239.15 % of Total: 28.12% (€441,822.62)
1.	1,129 (16.04%)	€113.37 (4.26%)	€0.10	19.08%	351 (60.73%)	**€82,025.50** (66.02%)
2.	159 (2.26%)	€99.60 (3.74%)	€0.63	8.37%	22 (3.81%)	**€6,279.85** (5.05%)
3.	107 (1.52%)	€28.13 (1.06%)	€0.26	9.32%	22 (3.81%)	**€3,709.37** (2.99%)
4.	81 (1.15%)	€6.50 (0.24%)	€0.08	17.27%	24 (4.15%)	**€3,479.79** (2.80%)
5.	14 (0.20%)	€0.19 (0.01%)	€0.01	25.00%	6 (1.04%)	**€2,183.31** (1.76%)
6.	141 (2.00%)	€7.61 (0.29%)	€0.05	0.66%	1 (0.17%)	**€2,178.76** (1.75%)

In diesem Beispiel sehen Sie, dass Keyword 1 mit einem Budget von rund 113 Euro und einem durchschnittlichen Klickpreis von 10 Cent einen Umsatz von 82`025 Euro generiert. Einfach ausgedrückt, wird mit einer Investition von 113 Euro ein Umsatz von über 82`000 Euro erzeugt.

Eine weitere Perle ist Keyword 5. Mit diesem wurden in den letzten 30 Tagen bei einem Einsatz von 19 Cent 2183 Euro Umsatz gemacht. Der Klickpreis liegt demnach bei 1 Cent. Werbung über Google Ads muss also ganz und gar nicht teuer sein.

Auch bei Google Ads können Sie eine Analyse durchführen und dabei die Conversion-Ziele aus Google Analytics importieren. So sehen Sie bei jedem Keyword, was Sie pro Conversion bezahlen.

Mithilfe Ihres Keyword-Portfolios mit jedem Cent Gewinne erzielen

Nun folgt der wichtigste Schritt: Für jedes Keyword, welches mindestens 50 Klicks erzielt und für gute Umsätze sorgt, starten Sie eine separate Google-Ads-Kampagne. Sie erstellen also eine Kampagne ausschließlich mit den Keywords, die Umsätze generieren. Anhand des Ergebnisses werden Sie sehen, dass jeder Euro und jeder Cent, den Sie in diese Kampagne investiert haben, lukrative Profite erzielt. Wie beim Aktienhandel können Sie in Ihre „Aktie“, die Kampagne, investieren und werden enorme Profite realisieren.
Dafür melden Sie sich nach der Vorbereitung in der Vorlage bei Adwords unter https://ads.google.com/ an und erstellen – wenn Sie noch keinen

haben – einen Account. Dann starten Sie dort unter „Neue Kampagne > Zugriffe auf Website > Suchnetzwerk“ (siehe Grafik) eine neue Kampagne und fügen die Daten aus der Vorlage ein.

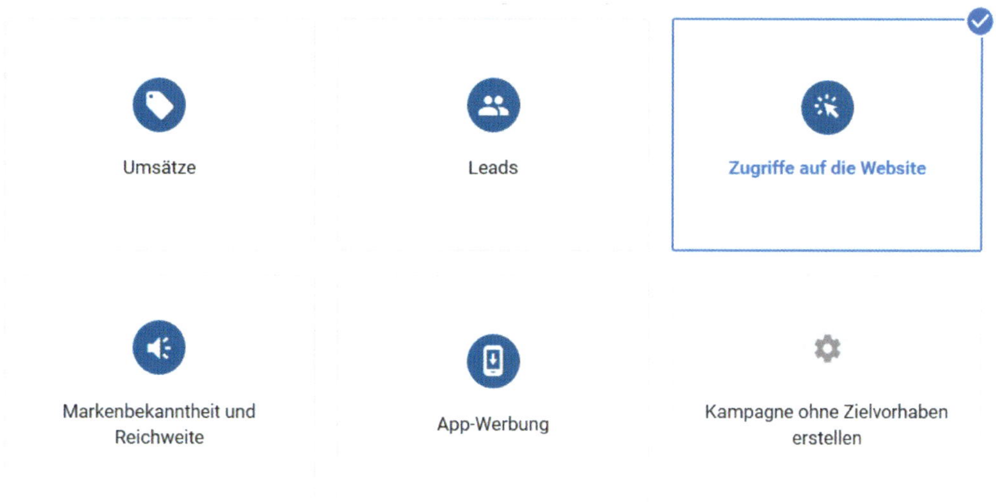

Anschließend öffnet sich eine Seite, auf der alle Details eingegeben werden können. Wichtig ist, dort das Häkchen bei „Displaynetzwerk“ zu deaktivieren, damit die Anzeige nur in der Google-Suchmaschine erscheint – siehe Abbildung.

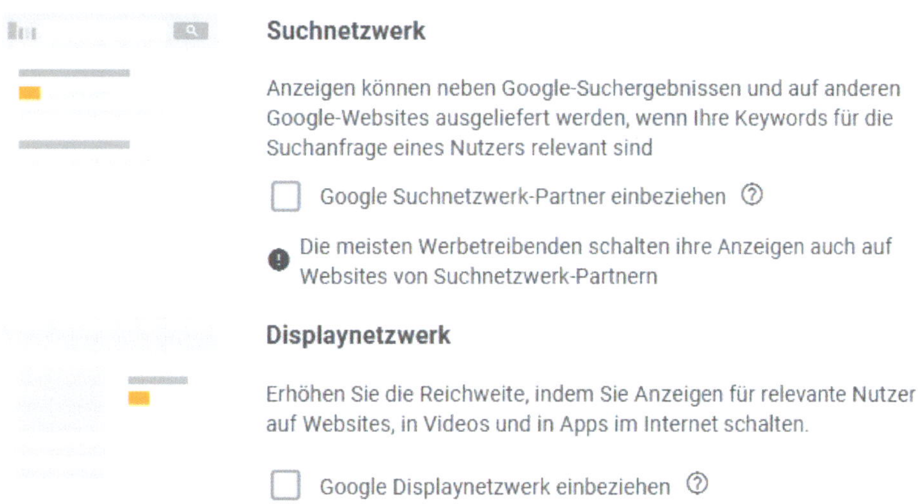

Danach wählen Sie bei „Standorte“ „alle Länder und Gebiete“ und bei „Sprachen“ „Deutsch“ aus.

Nun können Sie Ihr Tagesbudget eingeben, das mindestens 1 Euro betragen muss. Im nächsten Feld wählen Sie eine Gebotsstrategie aus und aktivieren „Manueller CPC“:

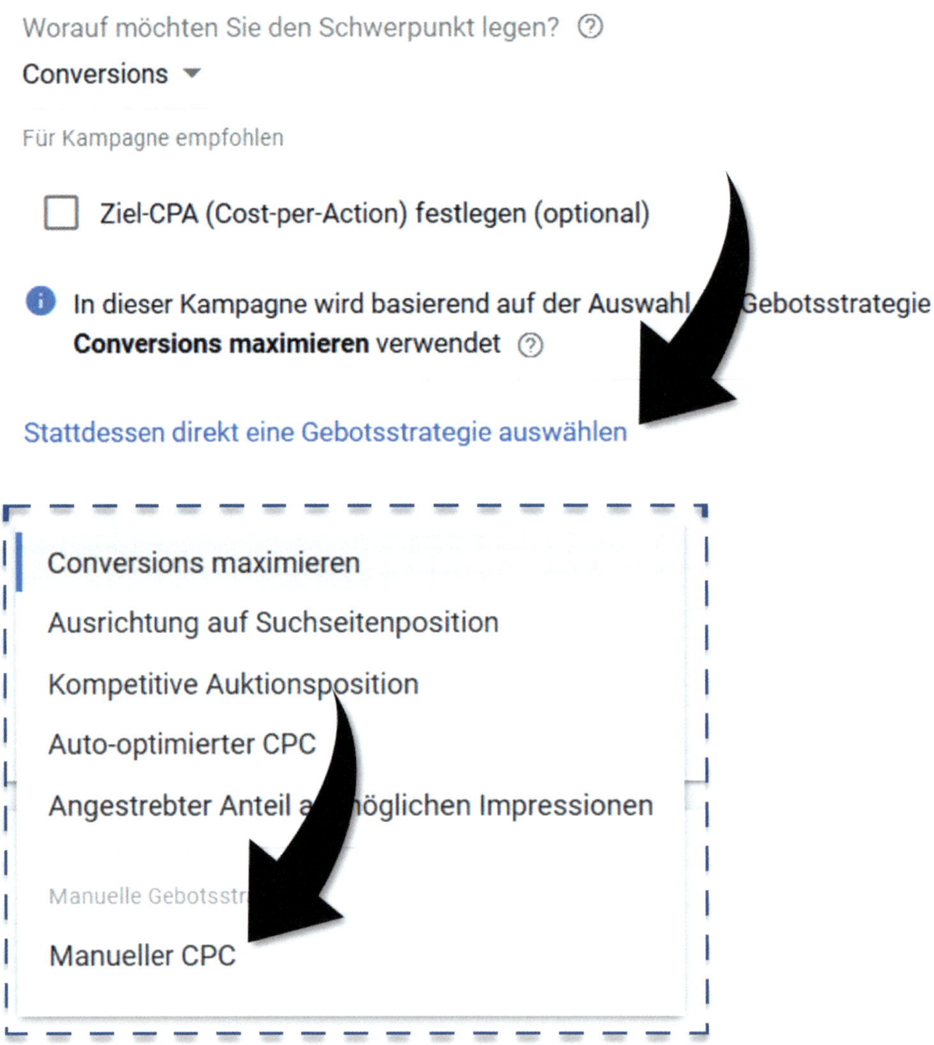

Jetzt kopieren Sie die bereits formulierten Kampagnentexte aus der Vorlage und geben den maximalen Preis pro Klick an. Empfehlenswert sind dafür 0,15 Euro beim Start.

Dann wird die Kampagne aktiviert.

Keyword-Analyse, das wichtigste Gut im Onlinemarketing

Ein solches Keyword-Portfolio können Sie in jedem Falle nur erstellen, wenn Sie vorab eine ausführliche Keyword-Analyse durchgeführt haben. Durch eine detaillierte Analyse haben Sie 40-60 Top-Keywords in Ihrem Portfolio, statt maximal 10.

Ich hoffe, dass ich mit diesem Buch die Wichtigkeit einer qualitativen und detaillierten Keyword-Analyse aufzeigen konnte. Denn viele Unternehmen investieren zwar große Werbebudgets in Kampagnen, Social-Media-Präsenzen etc., führen jedoch nie eine Keyword-Analyse durch. Dadurch geht ihnen täglich viel Potenzial verloren. Ich würde mir wünschen, dass sich in Zukunft einige Online Marketer, Agenturen und Unternehmer mehr Zeit für die Keyword-Analyse nehmen. Denn auch wenn eine ausführliche Keyword-Analyse viel Zeit in Anspruch nimmt und nicht immer Spaß macht, ist sie doch jede Minute und jeden Schweißtropfen wert.

Analyseszenarien und -portale

Ich habe Ihnen nun die wichtigsten Keyword-Tools vorgestellt und den detaillierten Analyseprozess mit dem Google-Keyword-Planner bis hin zur ersten Google-Ads-Kampagne erklärt. Neben Google Ads gibt es jedoch noch weitere Anwendungsbereiche, für die eine Keyword Analyse sinnvoll und wichtig ist. Diese möchte ich Ihnen nun vorstellen.

Wenn Sie ein neues Produkt oder eine innovative Dienstleistung vermarkten möchten, können Sie verschiedene Tools nutzen, die unterschiedliche Aufgaben erfüllen.

Potenzialanalyse

Wenn Sie etwas online verkaufen oder vermarkten möchten, sollten Sie als Erstes das Potenzial Ihres Angebots überprüfen. Hierzu führen Sie eine Keyword-Analyse mit dem Google-Keyword-Planner, SECockpit oder einem anderen Tool durch. Dabei geht es noch nicht darum, unzählige Keywords herauszufinden, sondern vielmehr darum, zu ermitteln, ob überhaupt ein Markt für dieses Angebot vorhanden ist, es folglich

Potenzial hat. Dafür reichen 10 bis 50 Resultate, die das entsprechende Suchvolumen abbilden und somit anzeigen, ob es sinnvoll ist, diese Idee überhaupt zu verwirklichen.

Angenommen Sie möchten gesundes Hundefutter verkaufen. Dann führen Sie eine kurze Analyse durch, um die wichtigsten Keywords und Suchvolumen rund um Hundefutter in Erfahrung zu bringen. Die folgende Grafik zeigt das Ergebnis einer solchen Suche:

hundefutter	33.100	Hoch
Keyword-Ideen		
hundefutter test	12.100	Hoch
trockenfutter hund	5.400	Hoch
getreidefreies hundefutter	4.400	Hoch
welpenfutter	4.400	Hoch
hundefutter ohne getreide	2.900	Hoch
hundefutter getreidefrei	2.900	Hoch

Schon die ersten Resultate reichen aus, um zu erkennen, dass ein solches Produkt Potenzial hat. Erst jetzt sollten eine detaillierte Analyse und weitere Schritte folgen.

Website und Landingpage

Als Nächstes benötigen Sie eine Website oder Landingpage, damit Ihr Produkt oder Ihre Dienstleistung beworben und bekannt gemacht werden kann und potenzielle Kunden den Artikel kaufen bzw. die Dienstleistung buchen können. Wichtig zu wissen ist hierbei, dass heutzutage eine einzelne Seite nicht mehr als Resultat zu vielen verschiedenen Keywords in der Google-Ergebnisliste erscheint, sondern nur zu einem Fokus-Keyword. Daher ist es wichtig, genau herauszufinden, welches das passendste Keyword zu Ihrem Angebot mit dem höchstmöglichen Suchvolumen ist. Wenn Sie Trockenfutter verkaufen wollen, wäre das Fokus-Keyword beispielsweise „Trockenfutter Hund“. Daher sollten Sie genau darauf achten, auf der Landingpage, die bei Google ein Top-

Ranking erzielen soll, dieses Keyword im Titel zu verwenden. Zudem sollte es in Bildbeschreibungen als Dateiname und im Text sowie in Aufzählungen, Videoelementen und dergleichen vorkommen.

Blogbeiträge zur Abdeckung weiterer Keywords

Sobald die Landingpage oder Website erstellt ist, können Sie einen Blog nutzen, um weitere Keywords abzudecken. Das Ziel dabei ist natürlich, über jeden einzelnen Blogbeitrag Hundefutter zu verkaufen. Zudem sollten die Blogbeiträge Vertrauen aufbauen und aufzeigen, warum jemand genau jetzt bei Ihnen Hundefutter kaufen sollte. Um das zu erreichen, sollten Sie Beiträge zu relevanten Frage-Keywords veröffentlichen. Um diese herauszufinden, eignet sich die Keyword-Analyse mit AnswerThePublic. Das Ergebnis für das Beispiel „Trockenfutter für Hunde“ sehen Sie in dieser Grafik:

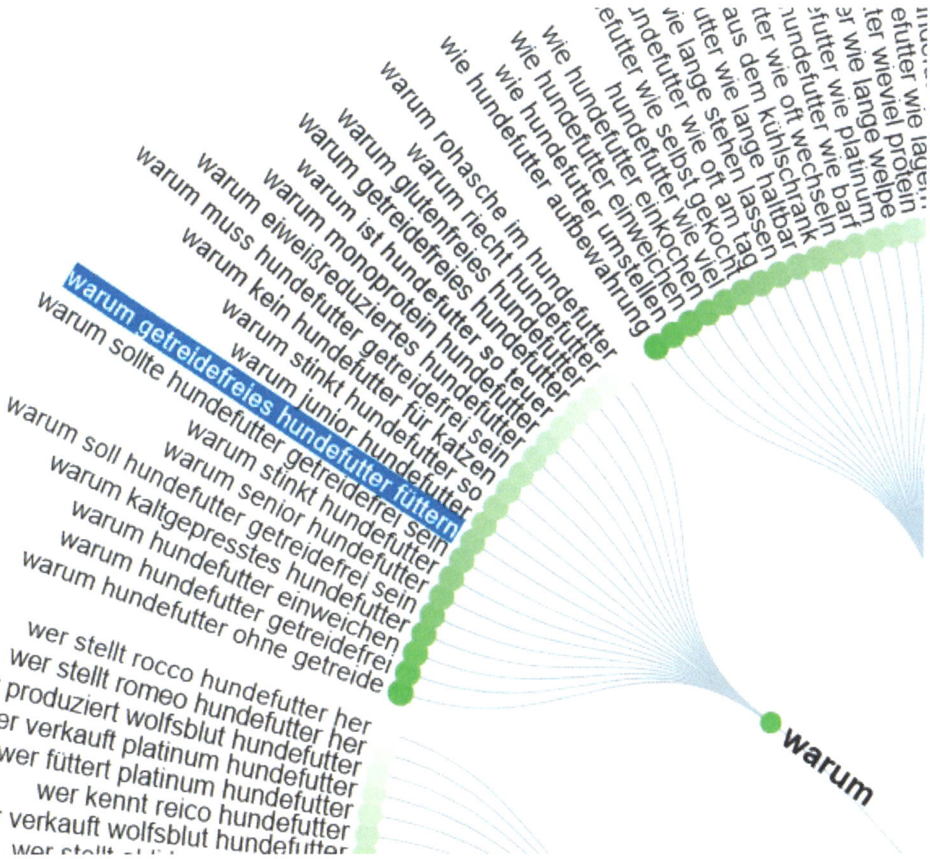

Als Ergebnisse sehen Sie zahlreiche mögliche Fragen im Kontext Hundefutter. Davon suchen Sie sich eine aus – z. B. „Warum getreidefreies Hundefutter füttern“ – und erstellen dazu einen Blogbeitrag. Diesen ergänzen Sie mit Bildern und Videos, um ihn so informativ wie möglich zu gestalten. Es sollte der beste Blogbeitrag zu diesem Thema werden. Am Ende schlagen Sie den Bogen zu Ihrem Angebot an getreidefreiem Hundefutter und bieten weitere Vorteile an. Abgeschlossen wird der Text mit dem CTA (Call to Action / Handlungsaufforderung), der zum Erwerb eines Testpakets auffordert.

Einen entsprechenden Blogbeitrag sollten Sie möglichst jede Woche publizieren. Auf diese Weise decken Sie schnell viele Keywords ab und generieren dadurch in kurzer Zeit Besucher und Umsätze über Ihre Website. Zudem erzeugt der Blog Vertrauen. Denn er signalisiert den Usern, dass Sie sich mit gesundem Hundefutter auskennen und fundiertes Fachwissen in diesem Bereich besitzen. Eine aktuelle Studie über das Kaufverhalten in den USA konnte nachweisen, dass über 40 % der abgeschlossenen Online-Käufe aufgrund eines Blogbeitrags getätigt worden waren.

Werbung auf Google

Sobald die Website fertig ist und die ersten Blogbeiträge publiziert sind, schalten Sie Google-Ads-Werbung. Die dafür nötigen einzelnen Schritte habe ich Ihnen bereits erläutert. Spätestens an diesem Punkt benötigen Sie eine detaillierte Keyword-Analyse, um möglichst profitable Kampagnen schalten zu können. Dafür bieten sich die Tools SECockpit, Google-Keyword-Planner und AnswerThePublic an. Falls es zu Ihrem Produkt bereits Konkurrenzangebote gibt, ist auch eine Analyse mit SEMrush nützlich, um die Keywords zu ermitteln, mit denen die Konkurrenz Werbung schaltet. Mithilfe dieser Tools erhalten Sie schnell und unkompliziert bis zu 10000 Keywords, die Sie für Ihre Google-Ads-Kampagnen nutzen können.

Amazon Store

Physische Produkte sollten Sie unbedingt auch auf Amazon platzieren. Dafür ist eine detaillierte, auf Amazon ausgerichtete Keyword-Analyse unabdingbar. Das aktuell beste Tool für diesen Zweck ist Helium 10. Die Details dazu habe ich bereits erläutert. Alternativ können Sie auch für diesen Zweck SECockpit nutzen.

YouTube-Videos

Als Nächstes sollten Sie sich auf Video-Content fokussieren. Dies ist eine der wichtigsten Content-Arten, um Vertrauen aufzubauen und Traffic mit großer Kaufkraft auf Ihre Website zu lenken. Vor der Videoproduktion sollten Sie daher genau überlegen, zu welchem Keyword Sie ein Video platzieren möchten, um von Beginn an mit dem Clip eine hohe Relevanz zu erzeugen.

Zum Suchbegriff „getreidefreies Hundefutter“ könnten Sie beispielsweise direkt zu Beginn des Films ausführen, dass Sie in diesem Video zeigen werden, warum Getreide keine gute Zutat für Hundefutter ist und wo die Zuschauer gesundes und getreidefreies Hundefutter erwerben können.

Wenn Sie das Video hochladen, ist es wichtig, das jeweilige Keyword sowohl im Titel als auch im Beschreibungstext zu erwähnen und natürlich ebenfalls den entsprechenden Link zu platzieren. Achten Sie darauf, dass das Video nicht zu lang ist. Empfehlenswert sind 3 bis 10 Minuten. Denn nur kurze Videos werden vom Großteil der Nutzer komplett angeschaut. Das wiederum signalisiert YouTube, dass dieses Video von großer Relevanz ist, woraufhin es im Ranking der Suchergebnisse zu diesem Thema besser platziert wird.

Für die Keyword-Analyse auf YouTube empfiehlt sich YTCockpit. Auf der exklusiven Übersichtsseite zu diesem Buch finden Sie einen Link, über den Sie eine kostenlose Analyse mit diesem Tool durchführen können. Kein anderes Tool zeigt so einfach auf, zu welchen Suchbegriffen ein Video am schnellsten eine Top-Platzierung erreichen kann.

Sie haben nun also eine Website erstellt, Blogbeiträge publiziert, Videos auf YouTube eingestellt, Google-Ads-Werbung geschaltet und Ihre Produkte auf Amazon platziert. Damit decken Sie vier der fünf größten Plattformen in deutscher Sprache ab: Google.com, Google.de, YouTube und Amazon. Bei all diesen Plattformen ist Ihr Produkt jetzt zu spezifischen Keywords gelistet und erreicht so täglich zahlreiche User, die anschließend Ihre Website besuchen werden. Dies ist Traffic von hoher Qualität und Kaufkraft.

Keyword-Analysen mit Expertenstatus

Im Folgenden werde ich weitere spezifische Analysekombinationen innerhalb einzelner Tools erläutern, die Sie nutzen können, um schnell relevante und spezifische Ergebnisse zu erhalten.

Keywords, die hohe Einnahmen bei Google-Adsense-Werbung generieren

Google Adsense ist ein Werbeformat, das Sie als Webmaster auf Ihrer Website integrieren können. Google schaltet dann Werbung auf Ihrer Seite, mit der Sie pro Klick Geld verdienen, weil Sie den Werbeplatz zur Verfügung stellen. Die Frage ist nun, auf welches Keyword hin Sie Ihrer Website ausrichten, um möglichst hohe Einnahmen mit solchen Werbeanzeigen zu erzielen. Um das herauszufinden, können Sie SECockpit nutzen. Dieses Tool zeigt Ihnen schnell an, welche Keywords die höchsten Profite erzielen. Diese Werte werden über den CPC und das monatliche Suchvolumen errechnet. Unten stehende Grafik bildet eine Beispielsuche ab.

	Google Ads			Monatliche Suchen vs. Konku...
Begriff	Adsense ...		CPC	Monatliche Suchanfragen
fortnite tracker			$1.20	6,120,000
fortnite			$0.22	20,400,000
fortnite item shop			$0.97	1,220,000
omega			$0.99	1,000,000
a.i.m			$1.74	550,000
fortnite twitter			$1.15	673,000
fortnite patch notes			$0.79	673,000
fortnite stats			$1.09	450,000

Keywords mit großer Kaufabsicht

Nun gilt es herauszufinden, bei welchen Keywords Google eine Kaufabsicht prognostiziert. Diese Analyse liefert Suchbegriffe, die Traffic mit hoher Conversion-Rate generieren. Auch diese Analyse kann mit SECockpit durchgeführt werden:

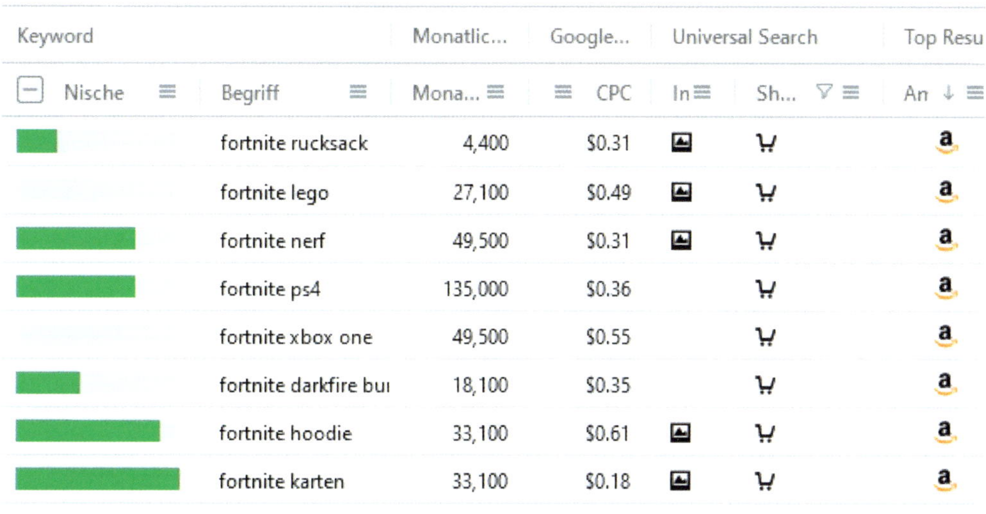

Keyword		Monatlic...	Google...	Universal Search		Top Resu
Nische	Begriff	Mona...	CPC	In	Sh...	An
	fortnite rucksack	4,400	$0.31			a
	fortnite lego	27,100	$0.49			a
	fortnite nerf	49,500	$0.31			a
	fortnite ps4	135,000	$0.36			a
	fortnite xbox one	49,500	$0.55			a
	fortnite darkfire bui	18,100	$0.35			a
	fortnite hoodie	33,100	$0.61			a
	fortnite karten	33,100	$0.18			a

Die Keywords werden nun nach Google-Shopping- und Amazon-Ergebnissen selektiert. Denn Google zeigt nie Shopping- oder Amazon-Ergebnisse an, hinter denen keine Kaufabsicht steckt. Dank dieser Analyse erkennen Sie nach wenigen Klicks, bei welchen Begriffen Ihr Angebot schnell eine Top-Platzierung erzielen kann. Zudem sehen Sie anhand des CPC-Wertes, wie hoch der Klickpreis des jeweiligen Keywords bei Google Ads sein wird.

In obigem Beispiel für Fortnite-Produkte zeigt sich, das Fortnite-Karten mit 33000 Suchanfragen pro Monat und einem extrem günstigen Klickpreis von nur 18 Cent ein äußerst gewinnversprechendes Angebot sind.

Geeignete Keywords für YouTube

Wenn Sie analysieren möchten, welche Keywords geeignet sind, um mit einem Video auf YouTube möglichst viele gute Positionierungen in der YouTube-Suchmaschine zu erreichen, sollten Sie eine Analyse mit YTCockpit durchführen – siehe Grafik.

	YouTube Video	YouTube ...	YouTube Video		
Begriff	AVG Aufrufe ↓	Max Vi...	AVG Dauer	AVG Likes	Mi
keyword analyse content	42,462	945	00:16:25	1,010	
keyword analyse maken	38,066	428	00:07:17	129	
keyword analyse website	37,594	588	00:20:33	982	
seo keyword analyse tool	36,645	588	00:21:22	983	
keyword analyse tool google	35,635	588	00:14:16	699	
keyword analyse google	35,220	1,014	00:14:39	671	
analytics keyword research	33,371	2,105	00:13:55	711	
keyword analysis report example	32,026	614	00:18:21	749	
analyse keywords on website	31,967	537	00:20:00	782	
keyword analytic tool	27,720	12,691	00:09:31	471	

Bei der Analyse sind die Parameter „Anzahl Aufrufe“, „durchschnittliche Videodauer“ und „maximale Videos“ besonders aussagekräftig. Diese zeigen an, mit welchem Begriff und welcher Länge ein Video schnell weit oben platziert werden kann und viele Aufrufe generieren wird. Zudem verrät das System, zu welchen Begriffen es bislang wenig Videos gibt, weswegen ein neues rasch gute Platzierungen erreichen würde.

Keywords, für die Konkurrenten viel Geld bezahlen

Um die Konkurrenz zu analysieren und herauszufinden, mit welchen Keywords diese Umsätze generiert, ist SEMrush optimal geeignet. Über folgenden Pfad können Sie im internen Bereich die Ergebnisse einsehen: Login > Advertising Toolkit > Domain Overview > Top Paid Keywords. Unten stehende Grafik zeigt das Ergebnis für *Western Union*.

Top Paid Keywords (1,127)

Keyword	Pos.	Volume	CPC (USD)	Traffic %
moneygram	1	673,000	0.87	52.44
moneygram	2	673,000	0.87	14.50
worldremit	1	49,500	1.40	3.85

Angezeigt werden 1127 Keywords, für die Western Union Geld für Werbung an Google bezahlt.

Solche Konkurrenz-Keywords sollten Sie unbedingt in Ihre eigenen Kampagnen einbinden.

Geeignete Hashtags für Instagram-Beiträge

Um zu Ihrem Angebot passende Hashtags für Instagram-Beiträge zu finden, empfiehlt sich das Keyword Tool von www.keywordtool.io. Für die Analyse wählen Sie Instagram und die Sprache Deutsch aus. Danach geben Sie Ihren Suchbegriff ein. Unten sehen Sie ein Beispiel zu „Brille“.

Als Ergebnis erhalten Sie eine Auflistung der einzelnen Hashtags zu diesem Keyword und sehen die Anzahl der Beiträge dazu. Empfehlenswert ist nun, sowohl die Top-Keywords bzw. -Hashtags als auch solche, die 80 % seltener gesucht werden, für Ihre Beiträge zu nutzen. Selten gesuchte Hashtags sorgen dafür, dass Ihr Beitrag bei diesen Begriffen lange platziert bleibt, weil es weniger Konkurrenz gibt.

Ein weiteres Plus dieses Tools ist, dass Sie mit einem Klick auf „People“ Influencer angezeigt bekommen, die sich auf dieses Thema spezialisiert haben (siehe Abbildung unten). Diese können Sie dann für spezielle Kampagnen kontaktieren.

Eine Keyword-Analyse von einem externen Anbieter erstellen lassen

Ich werde oft gefragt, ob ich eine Keyword-Analyse im Auftrag erstellen kann. Denn viele User können den Google-Keyword-Planner nicht nutzen, weil sie keine aktiven Kampagnen haben. Dann empfehle ich zunächst, ein alternatives Tool, wie SECockpit oder das Tool von Neil Patel, zu nutzen.

Wenn Sie trotzdem eine Keyword-Analyse von einem externen Anbieter erstellen lassen möchten, sollten Sie unbedingt genau darauf achten, dass dieser Dienstleister sich mit Ihrem Angebot wirklich auskennt und versteht, zu welchem Zweck die Analyse durchgeführt werden soll. Anderenfalls erhalten Sie eine unbrauchbare oder zumindest nicht ideale Auswertung. Beachten Sie außerdem, dass Sie als Ergebnis mindestens 500 Keywords erhalten, damit die Analyse Ihren Sinn erfüllt.

Ich biete meinen Kunden zum einen eine einfache Auswertung des Google-Keyword-Planners für unter 200 Euro an. Die andere Möglichkeit ist eine ausführliche Analyse diverser Plattformen, wie Google, Amazon, YouTube, eBay etc. Hierfür dürfen Sie uns gerne unter: info@salesangels.org kontaktieren.
Ziel ist jedoch, dass Sie nach dem Lesen dieses Buch selbst in der Lage sind, eine Keyword-Analyse durchzuführen. Sollten Sie dafür jedoch keine Zeit haben und das Buch lediglich zum besseren Verständnis erworben haben, können Sie unser Angebot gern in Anspruch nehmen.

Video Training und Informationen zur Keyword-Analyse

Als Leser dieses Buches erhalten Sie kostenlos Zugriff zum internen Bereich für Buch-Leser. Hier erhalten Sie zudem kostenlos:

- Video Training
- Dieses Buch als PDF Download
- Excel Vorlage
- Übersicht und Bewertung aller Keyword Tools
- uvm.

Das Material im Wert von über 60 Euro erhalten Sie als Buch Leser unter: https://salesangels.org/book

Ihr Feedback ist mir wichtig

Ich möchte dieses Buch stetig erweitern und verbessern. Dafür bin ich auf Ihr Feedback angewiesen. Wenn Ihnen das Buch gefallen hat und Sie daraus einen Mehrwert ziehen konnten, würde ich mich über eine positive Bewertung bei Amazon oder der Plattform, über die Sie dieses Buch erworben haben, sehr freuen. Ebenso dürfen Sie dieses Buch gerne weiterempfehlen.

Wenn Sie Verbesserungsvorschläge haben, würde ich es begrüßen, wenn Sie mir diese kurz, in wenigen Sätzen über info@salesangels.org mitteilen würden. Ich werde mich bemühen, sie ins nächste Update dieses Buches zu integrieren.

Schlusswort und Danksagung

Ich möchte mich zuallererst bei Ihnen allen, die Sie dieses Buch erworben haben, herzlich bedanken. Ich hoffe, dass Ihnen meine Tipps, Hinweise und Anleitungen dabei geholfen haben oder noch helfen werden, eine ausführliche Keyword-Analyse zu erstellen und mehr Leads, Sales und Profite zu erzielen.

Außerdem möchte ich mich bei all meinen Kunden und Schülern, im Speziellen bei den SimpleProfit-Kunden bedanken. Durch deren zahlreiche Fragen und Feedbacks bezüglich der Keyword-Analyse ist dieses Buch überhaupt erst entstanden. Vielen Dank hierfür.

Ich wünsche allen Lesern viel Spaß bei der Umsetzung ihrer eigenen Keyword-Analyse und viel Erfolg im Online-Marketing!

Kontakt & Impressum

Pascal Schildknecht
Saleway GmbH
Schulhausgässli 4
3098 Köniz

+41763790000
info@salesangels.org
www.salesangels.org

Copyright © 2020

NAME: Pascal Schildknecht
ADRESSE: Schulhausgässli 4 / 3098 Köniz / Bern
Web: https://salesangels.org
E-Mail: info@salesangels.org
Tel: +41763790000

4. Auflage

Autor: Pascal Schildknecht

Neu: Taschenbuch und Hörbuch von Pascal Schildknecht inklusive Zugang zu Videoanleitungen

Pascal Schildknecht erläutert in seinem neuesten Werk Marketing-Strategien, mit denen Sie qualitative Besucherströme generieren und eine sofortige Umsatzsteigerung erzielen. Dank eines lockeren Erzählstils und den Parallelen zur Erotikwelt werden abstrakte Inhalte leicht verständlich formuliert und können schnell und einfach umgesetzt werden.

Mithilfe konkreter Aufgabenstellungen können Sie das neu erworbene Wissen sofort umsetzen. Sie erhalten zudem Zugriff auf umfangreiches zusätzliches Schulungsmaterial, wie Vorlagen, Dokumente und Videos, mit zahlreichen wertvollen Informationen.

Ergänzende Expertentipps von Mario Burgard (Texte, die verkaufen) und Jens Neubeck (Zielgruppenanalyse und Affiliate Marketing) komplettieren das Buch und machen es zu einem unersetzlichen Nachschlagewerk für alle Belange des Online-Marketings.

Ziel ist, dass sowohl Anfänger als auch Fortgeschrittene im Bereich des Online-Marketings innerhalb kürzester Zeit profitable Besucherströme generieren und dadurch ihre Umsätze und Gewinne steigern können.

Link: https://www.porno-marketing.com/

Printed in Poland
by Amazon Fulfillment
Poland Sp. z o.o., Wrocław

91010539R00040